Craig Groeschel se ha plantado y pone nombres a todas esas conductas problemáticas que con tanta frecuencia nos meten en problemas. No lea *Desintoxicación espiritual* sin un par de fuertes botas de seguridad con puntera de acero, porque Craig no tiene miedo de dar un pisotón.

—DAVE RAMSEY, autor de éxitos de ventas del *New York Times*; locutor de radio nacionalmente sindicado

En cada generación, Dios envía algunas voces para declarar con valentía su verdad a un mundo que le necesita desesperadamente. El pastor Craig Groeschel es una de esas voces para nuestra generación. Como pastor de una de las iglesias más grandes en Estados Unidos, su sabiduría y perspectiva son inigualables. Por tanto, cuando él nos desafía a considerar una nueva perspectiva sobre cómo la Palabra de Dios delata nuestras vidas, necesitamos escuchar. En *Desintoxicación espiritual* aprenderá de un hombre que se ha ganado el derecho a hablar por medio de su integridad personal y liderazgo en el Cuerpo de Cristo. Por tanto, prepárese para aceptar el propósito de Dios para su vida dejando pecados tóxicos que le están reteniendo.

—STEVEN FURTICK, pastor principal, Elevation Church; autor de *Sun Stand Still: What Happens When You Dare to Ask God for the Impossible*

Para ser santos y transformados a la imagen de Jesús, todos necesitamos una desintoxicación espiritual regular. Cuando permitimos que su luz brille en nuestra oscuridad, llega la sanidad. Un mensaje oportuno para nuestra generación.

—CHRISTINE CAINE, fundadora de The A21 Campaign

Craig Groeschel enciende una luz en esos rincones oscuros y secretos de nuestra vida espiritual que nosotros probablemente preferimos ignorar. Él señala influencias culturales tóxicas que corroen el alma y manchan nuestra relación con Dios. Lea *Desintoxicación espiritual* y obtenga poderosas herramientas esenciales para eliminar esta suciedad cultural y reclamar los mayores deseos de Dios para nuestras vidas.

—ANDY STANLEY

Cada generación afronta su propio conjunto de desafíos. Las personas actualmente parecen estar especialmente quebrantadas y rotas, pero la buena noticia es que Jesús es la res[...] generación. Craig Groeschel hace la exc[...] personas quebrantadas pueden encontra[...]

de los desafíos de la actualidad. Tengo un gran respeto por Craig como pensador y líder, y recomiendo este libro.

—JOHN C. Maxwell, autor de éxitos de ventas del *New York Times*; experto en liderazgo

Con la franca sinceridad, el humor característico y la perspectiva bíblica que hemos llegado a esperar de Craig Groeschel, *Desintoxicación espiritual* nos desafía a vivir contra la cultura de este tiempo. Con valentía, Craig nos invita a llegar al delicado equilibrio de vivir en el mundo sin ser conformados a sus normas morales que van firmemente en declive. Sus palabras nos retan a vivir de una manera radical que glorifica a Dios y preserva su obra transformadora en nosotros. Cada página producirá convicción y entonces, con gran cuidado, ofrecerá gracia y enseñanza sobre cómo avanzar victoriosamente. El cambio que puede que haya estado buscando comenzará en estas páginas. Siga leyendo y sea bendecido.

—PRISCILLA SHIRER, maestra de la Biblia; escritora

Craig tiene ese brillo con respecto a él que usted desearía tener. Entonces se da cuenta de que se debe a una comprometida disciplina de espíritu, alma y cuerpo que él ha cultivado en su vida, su familia y su ministerio. Su naturaleza contagiosa le llama a seguir el mismo proceso de desintoxicación y mantenimiento. Este libro capacitará a todos los que lo lean para lograr el mismo resultado.

—ISRAEL HOUGHTON, líder de alabanza; compositor

La mayoría de las personas que sufren lo hacen a un nivel mucho más profundo de lo que creen, y solamente en lo profundo de sus almas y al pasar por una desintoxicación pueden encontrar sanidad y la vida abundante que Jesús ofrece. Estoy muy contento de que Craig escribiera este libro porque, según mi opinión, él es uno de los mejores maestros del planeta con respecto a tomar las Escrituras y ayudar a las personas a ver sus vidas por medio de ellas.

—PERRY NOBLE, pastor principal de NewSpring Church

Cada predicador le dice lo que hay de malo en el asesinato y el adulterio. En *Desintoxicación espiritual*, Groeschel se atreve a abordar pecados cristianos cómodos como la murmuración, el materialismo y el temor. Usted no dejará este libro sintiéndose condenado; más bien será alentado con las herramientas que necesita para admitir sus errores.

—TIM STEVENS, pastor ejecutivo de Granger Community Church; autor de *Pop Goes the Church*

Desintoxicación espiritual es una lectura obligatoria si quiere hacer un chequeo de sus conductas, emociones y todo lo que influencia en su vida. Este libro le ayudará a desintoxicarse de las cosas que le envenenan y causan daño a sus relaciones y al ministerio. ¡Léalo antes de que sea demasiado tarde!

—Dave Ferguson, pastor principal de Community Christian Church; empresario espiritual, NewThing

Estoy agradecido por la voz sincera, humorística y que da convicción al alma de Craig Groeschel en mi vida y en nuestro mundo. Este es un relevante libro de ética para nuestra generación «ahora» que avivará almas y sacudirá excusas, ignorancia e influencias que nos mantienen secuestrados de lo mejor de Dios para nuestras vidas.

—Dino Rizzo, pastor principal, Healing Place Church

Con demasiada frecuencia he oído decir que los pastores de iglesias grandes tienen un mensaje suave, pero en este libro, Craig Groeschel, que lidera una de las iglesias más grandes de Estados Unidos, llama con fuerza a sus lectores al arrepentimiento. Ya que las palabras suaves producen personas duras y las palabras duras producen personas suaves, el difícil desafío del pastor Craig a sus lectores a reflexionar sobre las toxinas que hay en sus almas y que están envenenando su santidad es una bienvenida adición en una cultura evangélica que minimiza el pecado y ofrece gracia barata.

—Mark Driscoll, fundador y pastor predicador, Mars Hill Church

Craig Groeschel ha escrito una potente y oportuna receta para la enfermedad más devastadora en la sociedad moderna: el descuido del alma. Me encanta el modo en que Craig habla desde su corazón, ¡y bosqueja un plan de tratamiento práctico y bíblico que alimentará su alma para llevarle a la salud y cambiará su vida!

—Kerry Shook, coautor del éxito de ventas del *New York Times*, *Un mes para vivir;* pastor principal, Woodlands Church

Craig Groeschel es uno de los líderes más inspiracionales en el Cuerpo de Cristo. Su nuevo y poderoso libro le capacitará para vivir la vida que Cristo tiene para usted. *Desintoxicación espiritual* le cambiará desde dentro hacia fuera, liberándole de culpabilidad, temor, preocupación y condenación.

—Jentezen Franklin, pastor principal, Free Chapel; autor del éxito de ventas del *New York Times*, *El ayuno*

Craig Groeschel me inspira a *querer* crecer en mi fe. En *Desintoxicación espiritual* él ofrece una mirada clara y convincente a lo que significa vivir como cristiano en el complejo mundo actual. Con sinceridad, humor y profunda perspectiva, estas páginas le llevarán más cerca de Jesús.

—JUD WILHITE, pastor principal, Central Christian Church

Al igual que cuando leí otros escritos de Craig, me he reído y llorado con sus historias, pero *Desintoxicación espiritual* llega a una capa más profunda. Y lo que recordará es su sincera honestidad y su consejo bíblico. Es una limpieza espiritual en forma literaria. Mi alma necesitaba este libro; sospecho que la de usted podría necesitarlo también.

—DAVE STONE, pastor, Southeast Christian Church

De vez en cuando todos necesitamos una «desintoxicación espiritual». Todos necesitamos quitar lo que Craig Groeschel denomina las semillas de veneno que se infiltran en nuestros corazones y en nuestras vidas. *Desintoxicación espiritual* le ayudará a buscar, identificar y remediar emociones, estados de ánimo, actitudes y acciones perjudiciales que nos causan tanta frustración y confusión como cristianos. Con un énfasis en el examen interior practicado mediante relaciones exteriores, *Desintoxicación espiritual* es una estupenda lectura para cualquiera que quiera vivir una vida cristiana satisfactoria.

—TODD RHOADES, escritor de blog, ToddRhoades.com; director, Leadership Network

Si está usted cansado de la experiencia mundana, aguada y de pérdida de tiempo que tantas personas en la iglesia viven, le recomiendo este libro. Nunca experimentaremos la gloria de Dios, es decir, la evidencia de que Dios ha estado en alguna parte, hasta que comencemos a vivir en pureza según la Palabra de Dios.

—DR. JAMES MACDONALD, pastor principal, Harvest Bible Church

Craig nos muestra de modo magistral cómo limpiar la confusión que hay en nuestras mentes y que evita que alcancemos nuestro verdadero potencial. ¡Le va a encantar este libro!

—BIL CORNELIUS, pastor, Bay Area Fellowship; autor del éxito de ventas *I Dare You to Change*

DESINTOXICACIÓN
ESPIRITUAL

Vidas limpias en un mundo contaminado

CRAIG
GROESCHEL

Autor de *El cristiano ateo*

La misión de Editorial Vida es ser la compañía líder en satisfacer las necesidades de las personas con recursos cuyo contenido glorifique al Señor Jesucristo y promueva principios bíblicos.

DESINTOXICACIÓN ESPIRITUAL
Edición en español publicada por
Editorial Vida – 2013
Miami, Florida

© 2013 por Craig Groeschel

Este título también está disponible en formato electrónico.

Originally published in the U.S.A. under the title:
        Soul Detox
        Copyright ©2012 by Craig Groeschel
Published by permission of Zondervan, Grand Rapids, Michigan 49530

Editora en Jefe: *Graciela Lelli*
Traducción: *Belmonte Traductores*
Diseño interior: *Grupo Nivel Uno, Inc.*

ISBN: 978-0-8297-6169-6

CATEGORÍA: Vida cristiana / Crecimiento espiritual

IMPRESO EN ESTADOS UNIDOS DE AMÉRICA
PRINTED IN UNITED STATES OF AMERICA

13 14 15 16 17 ❖ 6 5 4 3 2 1

Queridos amigos, ya que son
«extranjeros y residentes temporales»,
les advierto que se alejen de los deseos mundanos,
que luchan contra el alma.
—1 Pedro 2.11, NTV

Contenido

Parte III
Influencias tóxicas

Admitir los errores

Dios no busca vasijas de oro, y no pide que sean de plata,
pero debe tener vasijas limpias.
—Dwight L. Moody

Cuando yo era pequeño, parecía que todos los adultos fumaban, todas las mamás giraban continuamente Virginia Slims entre sus dedos mientras los papás charlaban con un Marlboro o un Camel colgando de un extremo de sus bocas. Todos disfrutaban de sus cigarrillos, que yo deduje que probablemente eran mejores que lo que la mayoría de ellos fumaban en la década de 1960. Mi propia mamá y papá, aunque eran padres maravillosos en muchos aspectos para poder contarlos, encajaban con los demás y fumaban al menos dos paquetes al día.

Al haberme criado en una casa llena de humo, nunca me molestó el olor. Un invitado no fumador lo habría identificado al instante y probablemente se habría quejado, pero mi familia no lo consideraba gran cosa. La mayoría de nosotros probablemente tengamos un olor que relacionamos con nuestra niñez: el limpiador con olor a pino de nuestra mamá o el Old Spice de nuestro papá. Para mí, el olor era el humo de los cigarrillos. Me resultaba extrañamente consolador porque era lo que hacía que el hogar oliese a hogar.

Ya que todos los amigos de mis padres también fumaban, sus hogares tenían el mismo olor; todos excepto la casa de Mike. Aunque yo no lo sabía en ese momento, recuerdo que me encantaba cómo olía la casa de Mike. Cada vez que yo atravesaba la puerta principal, sentía que acababa de entrar en un anuncio de ambientadores Sea Breeze. Es difícil describir a qué huele lo «limpio», pero yo creía que la mamá de Mike conocía la fórmula secreta. Cada habitación no solo relucía, sino que también olía tan fresco, a limón, y estaba tan brillante como si su mamá hubiese terminado de limpiar con Pledge antes de que nosotros entrásemos. Al mirar atrás, sé que ese olor fresco no era solo la presencia de un ambientador, sino la ausencia de humo de cigarrillos. Nadie encendía un cigarrillo en la casa de Mike.

Aunque los riesgos para la salud de fumar eran bien conocidos en la época, faltaban aún algunos años para que la Asociación Americana de Medicina (American Medical Association) publicase sus descubrimientos sobre los peligros de respirar humo de cigarrillos, especialmente para los niños. Sus conclusiones condujeron a una serie de anuncios públicos que mostraban a niños encendiendo un cigarrillo y echando humo, y otras escenas similarmente chocantes. Ningún padre estaba intentando envenenar a su familia y causar problemas de salud. Sin embargo, ponían inconscientemente en riesgo a todas las personas a las que querían, incluyendo a ellos mismos.

Donde hay humo

Me parece divertido ahora y en cierta manera triste e irónico. Padres de todo tipo advertían amorosamente a sus hijos: «Mira a los dos lados antes de cruzar la calle». «Ponte el abrigo para que no agarres un resfriado». «Lávate las manos para que no te enfermes». «No te metas en el agua hasta treinta minutos después de la comida» (yo aún no entiendo ese). Aunque hacían todo lo que estaba en sus manos para mantenernos seguros y protegernos del daño, muchos padres estaban de modo inconsciente envenenando a sus hijos con el humo de cigarrillos.

Yo no entendía lo poco sano que era mi hogar hasta que salía fuera el tiempo suficiente para respirar aire limpio y experimentar la diferencia. De hecho, después de vivir en un ambiente sin humo por primera vez en mi vida en mi residencia universitaria, cuando regresé a casa quedé sorprendido.

Las paredes, que yo recordaba de color definidamente blanco, tenían un matiz apagado y amarillento. Un fino velo gris impregnaba el aire. Incluso cuando nadie tenía un cigarrillo encendido, una inconfundible neblina llenaba la habitación y nos rodeaba a todos. Y en cuanto yo entraba por la puerta, el olor me golpeaba en la cara. En lugar de tener el confortable y familiar olor de mi hogar, mi antigua morada olía a viejo cenicero.

Al regresar a mi facultad, mi compañero de cuarto, «Spiff» hacía un gesto cuando yo entraba en nuestro dormitorio. Claramente, mi ropa y mi bolsa de lana llevaban el rancio olor a humo de cigarrillo. «¡Es repugnante!», gritaba él antes de lanzar mi bolsa al pasillo y decirme que me diese un baño.

Mi estómago me dio un vuelco cuando lo entendí. Durante los primeros dieciocho años de mi vida, viví en una nube de humo de cigarrillos, inconsciente del modo en que impregnaba mi piel, mis pulmones, mi garganta. Yo no solo olía a chimenea, sino que sin saberlo también inhalaba veneno diariamente. Yo no culpaba a mis padres; ellos no sabían que el humo de cigarrillo es prácticamente tan peligroso como inhalarlo de primera mano. Pero su ignorancia no cambiaba la realidad de la situación.

Contaminación espiritual

Me enorgullece decir que mi padre y mi madre vencieron su adicción al tabaco e hicieron lo que muchos parecen incapaces de hacer: dejar de fumar. Ellos reconocieron que algo que les gustaba y aceptaban tenía el potencial de dañarles a sí mismos y a quienes más amaban.

Estoy convencido de que muchos de nosotros estamos viviendo en ese mismo tipo de trampa peligrosa con nuestra salud espiritual. Sabemos que sentimos que algo no va del todo bien, que no nos estamos acercando más a Dios y siguiendo a Cristo del modo en que nos gustaría, pero no podemos concretar por qué. Aunque creemos en Dios y queremos agradarle, nos resulta difícil servirle con pasión y coherencia. Queremos avanzar espiritualmente, pero sentimos que corremos contra el viento. Queremos más, sabemos que hay más, pero simplemente parece que no podemos encontrarlo.

¿Por qué tantos cristianos con buenas intenciones dan un paso espiritual hacia delante y después dan dos para atrás? ¿Por qué anhelamos más de Dios en nuestras vidas y a la vez nos sentimos cada vez más lejos de Él? ¿Qué evita que crezcamos en esta relación que decimos que es nuestra principal prioridad?

Aunque muchos factores intervienen a la hora de responder a esas preguntas, finalmente creo que nuestro enemigo espiritual nos ciega con una cortina de humo de distracciones venenosas. Al igual que yo vivía inconsciente del humo que había en mi hogar, muchas personas no son plenamente conscientes de las fuerzas que entorpecen su crecimiento espiritual. Sin darse cuenta del impacto que tienen sobre su fe, aceptan relaciones dañinas, consumen medios de comunicación tóxicos, viven con hábitos adictivos, y se mantienen inconscientes de los efectos a largo plazo. Creemos que el modo en que vivimos es perfectamente bueno, normal, inofensivo e incluso positivo. Algunas personas no quieren echar una mirada sincera a su modo de vivir, afirmando: «Lo que uno no ve no le hará daño».

Desgraciadamente, eso no es cierto. Muchos individuos que inhalaron humo de cigarrillos en el aire, sin mencionar a todos los millones de fumadores, han sufrido efectos físicos permanentes y dolorosos. La verdad es esta: lo que muchas personas no saben no solo les hace daño a ellas, sino que también las mata espiritualmente.

Probablemente habrá oído que si mete a una rana en una olla con agua y calienta el agua lentamente hasta hervir, la rana se ajustará al calor del agua y ni siquiera notará que se está muriendo por ebullición. ¿Cómo es posible eso? El aumento de temperatura es tan gradual que lo que se siente como un baño templado al principio se convierte en una bañera caliente antes de pasar a modo olla para baño María. A esas alturas, es demasiado tarde. El cuerpo de la rana se ajusta a su entorno, sin notar nunca que lo que le rodea le está quitando la vida.

En nuestra cultura, la temperatura del agua aumenta diariamente. Sin darnos cuenta, lentamente nos vamos aclimatando a un ambiente tóxico lleno de influencias venenosas. A medida que la temperatura del agua aumenta, seguimos fingiendo que estamos remojados en un baño caliente pasándolo muy bien, sin soñar nunca que estamos quemando nuestra alma. Conforme vamos teniendo cicatrices y somos insensibles a lo que es bueno y malo, lo que está bien y no, lo que da vida y lo que la agota, perdemos de vista nuestro primer amor. Nos vamos alejando de Dios grado a grado.

El abogado del diablo

Yo sé de primera mano cómo funciona este proceso. Varios años después de convertirme en cristiano, reflexioné en las partes de mi vida que Dios había cambiado. En lugar de decirles a otras personas ocasionalmente lo que ellas querían oír, y creo que eso se llama *mentir*, permití a Dios que me hiciese una persona que dice la verdad. En lugar de compartir con otros los últimos rumores sobre amistades mutuas, y creo que eso se llama *chismear*, aprendí a sujetar mi lengua. Aunque solía criticar a las personas libremente sin consideración por sus sentimientos o la situación (mi viejo amigo el *fariseísmo*), aprendí a discernir una respuesta amorosa. Aunque muchos de mis viejos caminos cambiaron después de entregar mi vida a Cristo, mis hábitos de ver películas no cambiaron.

Mi esposa, Amy, y yo llevábamos casados varios años cuando ella expresó su preocupación sobre el tipo de películas que veíamos. Una noche mientras hablábamos, ella preguntó suavemente: «¿De verdad crees que las películas que vemos honran a Dios?».

«¡No es como si viéramos porno!», le respondí, ofendido por su acusación implícita. «No hay nada de malo en disfrutar de un poco de entretenimiento». Sin darle tiempo para reunir munición al citar las últimas películas que habíamos visto, intenté dar un golpe preventivo. «Además, algo de violencia, malas palabras y unas escenas de sexo aquí y allá en realidad no me molestan. Soy lo suficientemente maduro para manejarlo». Perfecto; ¡yo podía hacer que eso fuera problema de ella y no mío!

Había usado esa misma defensa incontables veces; sin embargo, cuando me oí a mí mismo cambiar a mi programación por defecto, las palabras no sonaban tan convincentes como antes. Mi esposa lo dejó correr, pero su pregunta se quedó conmigo.

Un par de noches después, nos juntamos con nuestros mejores amigos, Scott y Shannon, para cenar y ver una película. Durante toda la cena, hablamos de nuestro crecimiento espiritual y charlamos mucho sobre Dios. Shannon estaba aprendiendo más sobre servir a Dios en su vida cotidiana. Scott seguía disfrutando de las bendiciones de Dios en su negocio de seguros. Amy hablaba sin parar de lo que Dios le estaba enseñando mediante el tiempo que pasaba en la Palabra. Y yo hablaba libremente sobre las personas que estaban conociendo a Cristo por medio de nuestra iglesia. Después de nuestra cena llena de agradecimiento, compramos entradas para la película *El abogado del diablo*, una novela de suspenso obligada que algunos amigos habían recomendado.

Unos minutos después de empezar la película, la paz, el aliento y la gratitud que había disfrutado en la cena desaparecieron. Violencia en la pantalla, malas palabras y contenido sexual que nunca me habían molestado antes comenzaron a molestarme. Me estremecía interiormente cuando caía cada palabrota o se tomaba el nombre de Dios en vano. Poco después, dos mujeres se acariciaban. Al final de la película, habíamos soportado una larga escena en la cual un fantasma violaba explícitamente a una mujer.

Todos nos sentimos enfermos.

Más adelante me disculpé con Amy. Sus amorosas palabras dolieron porque yo no quería oírlas, pero eran ciertas. Como la rana en la tetera, yo me había aclimatado. Solo porque algo no me molestara, no significaba que no estuviera teniendo un impacto negativo. De hecho, ¿qué decía sobre mí el que lenguaje sucio, violencia brutal y sexo explícito en la pantalla no me molestasen? ¿Cómo se habían convertido mis reglas, y no las reglas de Dios, en lo normal?

Ahora bien, no creo que debamos trazar una línea en la arena cultural y vivir en una pequeña burbuja esterilizada. Por otro lado, no podemos sencillamente sumergirnos en cada aspecto del mundo que nos rodea y permitir que la cultura determine nuestros hábitos de estilo de vida de manera indiscriminada. La mayoría de los cineastas no se preocupan por el impacto que tenga su película en nuestra alma. Los autores de la mayoría de las canciones pop en iTunes no se preocupan por si edifican nuestra fe o nos acercan más a Dios. Es nuestra responsabilidad discernir lo que permitimos entrar en nuestras vidas y lo que mantenemos fuera.

Si es usted cristiano, ¿no estaría de acuerdo en que tiene que haber una línea de bien y mal en alguna parte? ¿Un modo de discernir lo que agrada a Dios y nos acerca más a Él en lugar de alejarnos? ¿Y podemos confiar en nuestras propias sensibilidades para saber lo que es verdaderamente mejor para nosotros?

¿Podría ser que nos hayamos vuelto insensibles a lo que es bueno y malo, correcto e incorrecto, agradable o desagradable para nuestro Dios santo? ¿Es posible que lo que consideramos entretenimiento normal sea peligroso para nuestras almas? ¿Piensa que lo que consideramos irrisorio, entretenido o sencillamente divertido, podría resultarle desgarrador a Dios?

Para aquellos de nosotros que seguimos a Jesús, todo lo que hacemos, sin importar donde vayamos, debería reflejar nuestro amor y compromiso con Él. Dios está con nosotros igualmente cuando estamos en un oscuro cine riéndonos por palabrotas de personajes de comedia o cuando estamos en la iglesia cantando en el coro.

Todo cuenta.

Todo lo que permitamos entrar en nuestra mente, corazón y vida, todo en lo que empleemos nuestro tiempo y nuestro dinero, tiene un impacto en el modo en que crecemos, o no crecemos, espiritualmente. Como nos recuerda el viejo adagio de la computación: basura dentro, basura fuera. Al igual que somos lo que comemos físicamente, también somos lo que consumimos espiritualmente. Si no supervisamos y ajustamos nuestra dieta en consecuencia, nuestras almas están en peligro de absorber cada vez más veneno letal.

Aguas turbias

La Biblia nos recuerda regularmente que comprobemos nuestra dieta espiritual en busca de toxinas. Proverbios 25.26 dice: «Manantial turbio, contaminado pozo, es el justo que flaquea ante el impío». ¿Cuán turbia está su agua en este momento? ¿Está su pozo contaminado por todas las toxinas culturales que se meten en él? ¿O tiene su pozo espiritual el Agua viva como su fuente pura y que sacia la sed? Quizá sea usted cristiano, ha sido hecho justo por medio de Cristo, y sin embargo se ha convertido en un manantial turbio o en un pozo contaminado, y ni siquiera se ha dado cuenta.

Podría creer: «Mis pensamientos no importan. Mientras se mantengan encerrados dentro de mi cabeza, no hacen daño a nadie. Todos pensamos en cosas que nunca haríamos, ¿cierto?». Y mientras tanto, sus pensamientos negativos están silenciosamente envenenando su alma, derramando mentiras en su suministro de agua espiritual. Desgraciadamente, nuestros pensamientos no se limitan a quedarse en nuestra cabeza, desconectados de nuestras palabras y nuestras acciones. Pensamientos poco sanos con frecuencia conducen a palabras poco sanas. Sin ni siquiera saberlo, podría estar convenciéndose a usted mismo, y a otros, de apartarse de lo mejor de Dios.

O quizá sean las personas con quienes está usted regularmente. Sabe que ellas no siguen a Dios del todo, pero eso no es gran cosa. No quiere que piensen que usted es algún tipo de fanático religioso o nada parecido. Por eso sigue haciendo lo que ellos hacen, y va donde ellos van. Aunque usted cree una cosa, vive de manera totalmente diferente.

Quizá se haya resignado a tener ciertas batallas en su vida, como enojo, lujuria o descontento, y solo las considera sus peculiaridades personales. «Así soy yo», se dice a usted mismo, y mientras tanto su enemigo espiritual se ríe ante el cáncer que usted sigue alimentando en su alma.

En lugar de experimentar la abundancia de una relación dinámica e íntima con Aquel que es justo, usted pone a Dios en una pequeña caja que puede marcar en su lista de quehaceres cada semana. Al conformarse con normas y religión y sentirse bastante bien acerca de lo mucho que está haciendo por la iglesia y por quienes son menos afortunados, queda cegado al legalismo y el fariseísmo.

Es momento de admitir los errores.

Si está cansado de la mancha de los hábitos de pecado que decoloran su vida; si anhela respirar el aire fresco, limpio y transformador de la santidad de Dios; si le encantaría desintoxicar su alma de culpabilidad, temor, lamento y todas las impurezas que contaminan su relación con Dios; entonces este libro es para usted. En las páginas siguientes examinaremos los diversos contaminantes que con frecuencia corrompen nuestro deseo espiritual de conocer y servir a Dios. Algunos pueden evitarse a medida que obtenemos más discernimiento y los eliminamos de nuestros entornos. Otros puede que permanezcan como el humo en el aire, pero pueden manejarse de maneras que aliviarán su impacto.

Es mi oración que lo que usted lea le impulse, le desafíe y a veces incluso le enoje. Si es usted consciente de la verdad, entonces puede que se moleste porque ha estado respirando pensamientos contaminados con humo, palabras que merman la vida y acciones llenas de pecado, sin darse cuenta del daño que están causando en su relación con Dios. En lo profundo de su ser, usted sabe que hay una manera más genuina de vivir, una manera más profunda y más pura de amar, y un impacto mayor que marcar en el mundo que le rodea. Es momento de abrir sus ojos, su corazón y su mente al poder limpiador de la verdad de Dios.

Su Palabra está llena de historias de hombres y mujeres que necesitaron admitir sus errores, que deseaban algo más. Uno de mis favoritos es David, a quien se describe como «un hombre conforme al corazón de Dios» pero, como puede que usted sepa, estaba muy lejos de ser perfecto. Poco después de haber cometido adulterio y asesinato, David experimentó una enfermedad del alma que le afectó en todos los niveles: físico, emocional y espiritual. Él sabía que sus pecados de lujuria, apropiación y engaño estaban matando su corazón. Sabía que la única manera de ser restaurado y experimentar otra vez una vida gozosa y satisfactoria era admitir sus errores delante de Dios. En su oración de arrepentimiento, él escribió:

Lávame de toda mi maldad y límpiame de mi pecado ... Purifícame con hisopo, y quedaré limpio; lávame, y quedaré más blanco que la nieve ... Crea en mí, oh Dios, un corazón limpio, y renueva la firmeza de mi espíritu ... Devuélveme la alegría de tu salvación; que un espíritu obediente me sostenga.

—Salmos 51.2, 7, 10, 12

¿No le gustaría admitir sus errores? ¿Sentir el amor de su Padre lavarle como las aguas frescas y cristalinas de una corriente de manantial? ¿Salir de la habitación llena de humo donde se ha estado ocultando y entrar en esta luz que da vida? ¿Respirar aire fresco espiritual?

No es demasiado tarde.

Si quiere desintoxicar su alma y renovar su fe, si quiere más de su relación con Dios, entonces siga leyendo.

Parte I

Conductas tóxicas

1

Infección de engaño

Decirnos la verdad a nosotros mismos

La ingenuidad del autoengaño es inextinguible.
—Hanna Moore

Como pastor, rara vez confieso ver *American Idol*, ya que suena en cierto modo... idólatra. Sin embargo, se me ha conocido por seguirlo algunas semanas cada temporada (o quizá todas ellas, ¿pero quién está contando?). Mis favoritos son los primeros programas cuando el jurado viaja por todo el país haciendo audiciones. Si usted no cree que las personas se engañan a sí mismas fácilmente, solo tiene que ver esas pruebas para cambiar de opinión. ¡Es difícil comprender cuántos cantantes horriblemente malos creen en verdad que se merecen ser la siguiente superestrella vocal!

Aunque con frecuencia nos reímos (o nos estremecemos, si es usted más compasivo que yo), y nos preguntamos cómo una persona puede estar tan fuera de contacto con la realidad, cómo puede ser tan inconsciente a su total falta de talento, me temo que realmente entiendo cuál es su problema. Mire, yo tengo otra confesión que compartir con usted, una que me avergüenza incluso más dejar al descubierto. Cuando era pequeño, no solo me encantaba cantar, sino que también pensaba que era un *estupendo* cantante. Yo gritaba «You Ain't Nothin' but a Hound Dog» o «(I Can't Get No) Satisfaction» a pleno pulmón, convencido de que era solamente cuestión de tiempo el que me descubrieran. Sujetando mi micrófono invisible, movía mis caderas como Elvis, ponía mis labios como Mick Jagger, y gruñía como Billy Idol. ¡No es extraño que sonase como un animal herido!

Convencido de mi futuro estrellato, en el quinto grado hice una audición para el coro de nuestra escuela. El coro estaba formado por cincuenta cantantes, y se estaban haciendo pruebas a cincuenta y dos niños. Obviamente, dos desafortunados aspirantes no lograrían entrar. Yo pensaba que las probabilidades estaban claramente de mi parte. Aquella era mi gran oportunidad de dar a conocer a otros el talento secreto que algún día me haría ser un nombre conocido.

Sí, tiene usted toda la razón con respecto a lo que sucedió en las audiciones. ¡Yo fui uno de esos dos niños que se fueron a casa llorando porque no logré entrar en el estúpido coro! Por tanto, cada vez que veo a algún joven que no tiene ni idea cantando fuera de tono en *Idol*, sorprendido por la frase de Randy Jackson, «Ya es suficiente, amigo», es fácil para mí entender su autoengaño. Lo más desafiante para mí es entender cómo sus amigos y familia apoyan y perpetúan su engaño. ¡Esas pobres madres que hacen gestos obscenos a los jueces por no reconocer el increíble talento vocal de su hijo o su hija!

Cuando nos vemos a nosotros mismos con los lentes de nuestras experiencias, creencias y perspectivas, todos tenemos nuestros puntos ciegos. Tal como la Biblia describe el problema: «Nada hay tan engañoso como el corazón» (Jeremías 17.9). Sin importar lo objetivos que esperemos ser, nuestro punto de vista siempre está distorsionado hasta cierto grado, a veces en gran parte. Ahí está el desafío. Cuanto más nos veamos a nosotros mismos mediante unos lentes distorsionados, más probable será que creamos una verdad distorsionada. Cuanto más nos mintamos a nosotros mismos, engañándonos a nosotros mismos, o permanezcamos en negación de la verdad, más probable será que basemos nuestras decisiones y nuestros actos en este falso sistema de creencia.

Los halagos le llevarán a algún lugar

Si es usted como la mayoría de las personas, cuando lee sobre autoengaño es fácil pensar en otros que encajan en esa categoría, pero es probable que, en su mente, *usted* no sea una de ellos. La razón es clara. No sabemos lo que no sabemos sobre nosotros mismos. Y con frecuencia no *queremos* saberlo. Yo creo que Dios puso este libro en sus manos porque le ama tanto que quiere ayudar a mostrarle cualquier cosa en su vida que esté contaminando el plan que Él tiene para usted, incluidos sus errores y las defensas que pueda usted estar levantando alrededor de ellos.

Ya que nos vemos solamente desde una perspectiva, es increíblemente difícil tener un cuadro preciso de nosotros mismos. A fin de ver nuestros puntos ciegos, debemos utilizar diferentes espejos situados en diferentes ángulos. Me gustaría proporcionarle algunos de esos espejos para sacar a la luz las conductas tóxicas que tienden a acercarse sigilosamente a todos nosotros. Con frecuencia están presentes cada día, y aunque no podemos verlas pueden acumularse dentro de nosotros y envenenar el pozo de nuestra alma.

¿Por qué no podemos ver nuestras toxinas autogeneradas? David responde esta pregunta en Salmos 36.2–3 cuando describe a un pecador engañado: «*Cree que merece alabanzas y no halla aborrecible su pecado*. Sus palabras son inicuas y engañosas; ha perdido el buen juicio y la capacidad de hacer el bien» (énfasis del autor). Notemos que David expresa que algunas personas creen que merecen alabanzas. Se engañan a sí mismas y ni siquiera se dan cuenta. Y se han vuelto tan diestras en engañarse a sí mismas que no pueden detectar o confesar sus pecados. Básicamente, nosotros fabricamos nuestro propio veneno y nos administramos dosis regulares.

Es probable que usted conozca a alguien que es así. Quizá tenga un amigo que murmura todo el tiempo. Dice presumidamente: «Yo no murmuro; te lo digo para que puedas orar por ellos». Usted y todos los demás saben que esa persona es una chismosa. O quizá tenga un familiar que es exageradamente rudo; sin embargo, le diría: «No intento ser ofensiva; te lo digo tal como es». Es probable que usted conozca a alguien que tenga un problema con el alcohol; sin embargo, esa persona niega tener algún problema y cree firmemente que puede dejarlo en cualquier momento. Podría usted tener un amigo que cree que es el regalo de Dios para las mujeres, pero usted y todos los demás saben que es un idiota arrogante, manipulador y egocéntrico. Posiblemente usted trabaje para una mujer que cree que es una estupenda líder en la oficina, pero todos los demás saben que es una loca de andar persiguiendo cada detalle administrativo, la manipulación y el control. ¿Por qué esas personas no lo ven en ellas mismas?

Recientemente en la iglesia pregunté a nuestra congregación: «¿Cuántos de ustedes batallan con la negación, el engañarse a ustedes mismos?». Algunas personas entre la multitud levantaron sus manos. Entonces pregunté: «¿Cuántos de ustedes conocen a alguien que está en una profunda negación?». Ya supondrá la respuesta. Casi todos conocían a otra persona culpable de autoengaño.

Es muy probable que usted también la conozca. Probablemente conoce a alguien que se tiene a sí mismo en mayor estima de lo que debería. O quizá podría tener un pariente que se cree divertido, pero todos los demás piensan que es molesto. Probablemente conozca a alguien que tiene un problema, pero lo negará indefinidamente. Es difícil ser objetivos con nosotros mismos.

Yo me reía mientras explicaba a nuestra iglesia que tenemos un problema estadístico. Casi nadie en nuestra iglesia cree que sufra de autoengaño y, sin embargo, casi todos conocen a alguien que lo sufre. ¿Por qué? Porque tenemos una capacidad sin límite para engañarnos a nosotros mismos. Cuando nos mentimos a nosotros mismos («soy un gran cantante»), comenzamos a creer en nuestras propias mentiras. Cuantas más mentiras decimos, más creemos que son verdad.

Poco después, aceptamos sinceramente una realidad distorsionada y creada con cuidado por medio de una ignorancia voluntaria. Negamos, suprimimos o minimizamos lo que es cierto. Por defecto, aseveramos, adornamos y elevamos lo que es falso. Cuando finalmente vemos la verdad, creemos que la verdad es una mentira.

Podríamos decirlo de este modo: quienes no saben, no saben que no saben. Si usted está engañado, hay bastantes probabilidades de que no sepa que cree algo incierto, pues de otro modo no estaría engañado. Si nunca identificamos las mentiras y las sustituimos por verdad, siempre desearemos una vida sana siguiendo una dieta de veneno y preguntándonos siempre por qué estamos enfermos.

Descartado

Entonces ¿cómo comenzamos a identificar las mentiras que nosotros mismos decimos y a sustituirlas por verdad? Mediante un proceso implacable de autoexamen. Después de que mis hijos pasan un largo día jugando en el bosque, yo siempre hago que se examinen en busca de garrapatas. Ellos aborrecen ese autoexamen en cierto modo vergonzoso, ya que requiere que recorran cada centímetro de sus cuerpos con lentitud y atención. Pero saben que detectar temprano una garrapata puede evitar que se pongan gravemente enfermos.

De modo similar, le alentaría a usted a realizar un autoexamen interior. Al igual que esos molestos chupasangre saltan a nosotros cuando entramos en su ambiente, las toxinas espirituales penetran en sus pensamientos mientras usted camina por nuestra cultura. Eche un sincero vistazo a su modo de vivir, cómo piensa y quién o qué le influencia más. Es un trabajo duro ser brutalmente sincero.

Examine su vida en busca de conductas tóxicas: cualquier cosa que usted haga y que obstaculice su eficacia espiritual o le distraiga de su misión eterna. Busque en su interior emociones tóxicas: cualquier sentimiento profundo que le aleje de la verdad de Dios. Eche una sincera mirada a cualquier consumo poco sano: de los medios de comunicación que consume, las páginas web por las que navega, las personas con quienes pasa más tiempo. El primer paso para derrotar a un enemigo es reconocer a su oponente. Aunque su enemigo pudiera ser invisible, Dios puede darle ojos para ver.

Sin embargo, permítame una advertencia. Cuanto más se acerque a descubrir un asesino tóxico en su vida, más luchará su enemigo para mantener su tenaza. Si es usted como yo, incluso podría traicionarse a usted mismo sin saberlo y luchar contra el cambio. La negación es con frecuencia nuestra primera línea de defensa. Somos muy diestros en hacernos responsables de poco y justificar lo mucho.

Tenga cuidado cuando se oiga, o piense decir las siguientes frases u otras parecidas:

- Yo no tengo un problema con esto.
- Realmente no es gran cosa. Esta es una manera en que manejo todo.
- No soy tan malo como la mayoría de las personas.
- Puedo dejarlo cuando quiera.
- Simplemente así soy yo.

Quienes están más a la defensiva son con frecuencia los más culpables sin darse cuenta. Se ha dicho que cuanto más convencidos estamos de tener la razón, más probabilidad hay de que estemos equivocados. Si usted batalla contra quienes intentan ayudarle, es probable que esté luchando para mantener intactas sus propias mentiras. Si alguien que le ama intenta mostrarle un patrón peligroso en su vida, podría usted estar convencido al cien por ciento de que esa persona está equivocada, cuando lo cierto es que tiene razón en un cien por ciento.

Pedro, en el Nuevo Testamento, es un ejemplo perfecto. Cuando Jesús explicó que algunos de los discípulos huirían y le negarían, Pedro estaba convencido de que él nunca lo haría. Con una confianza inconmovible, Pedro respondió: «Aunque todos te abandonen, *yo jamás lo haré*» (Mateo 26.33, énfasis del autor). ¿Puede usted oír su autoengañosa confianza?

Mientras presumía de sí mismo, Pedro no era consciente de su tóxico autoengaño. En el versículo siguiente encontramos a Jesús explicando que antes de que el gallo cante, Pedro negará a Jesús tres veces. Pero Pedro se mantuvo firme y declaró: «Aunque tenga que morir contigo —insistió Pedro—, *jamás* te negaré» (Mateo 26.35, énfasis del autor). En efecto, antes de que terminase el día, no una, no dos, sino *tres* veces diferentes negó Pedro saber ni siquiera quién era Jesús.

Si alguien ha estado intentando mostrarle algo acerca de usted mismo y usted sigue luchando contra eso, quizá sea el momento de reconocer que podría estar usted engañado. Su cónyuge podría estar convencido de que usted tiene un problema con los analgésicos, con el alcohol o con cualquier otra droga, pero usted se mantiene firme y dice que no es así. Alguien podría haberle dicho que usted es adicto a los videojuegos o a las redes sociales, pero usted no lo cree. Quizá varios de sus seres queridos le hayan dicho que es adicto al trabajo, pero usted no deja de trabajar para escuchar. Si se encuentra resistiendo o luchando, tenga cuidado. Quienes más convencidos están son con frecuencia los más engañados. Tenga cuidado de no presumir tanto de usted mismo que no pueda detectar o aborrecer su propio pecado.

No es asunto para reír

Ya que es persistentemente fácil engañarnos a nosotros mismos, necesitamos ayuda exterior para llegar a ser más objetivos con respecto a nuestros puntos ciegos. Y si mantenemos nuestro escudo en alto y nuestras defensas operando a plena capacidad, puede que no estemos oyendo lo que nos dicen quienes nos rodean. A veces, si realmente queremos cambiar debemos pedir a Dios que nos muestre lo que es cierto con respecto a cómo estamos pensando, hablando y viviendo.

En mis primeros años en nuestra iglesia, las personas se quejaban ante mí regularmente de que estaba siendo innecesariamente ordinario cuando predicaba. Para ellos, algunas de mis ilustraciones y mi humor cruzaban la línea de lo que era adecuado. Yo me decía a mí mismo que ellos sencillamente eran unos remilgados y que no entendían mi sentido del humor y mi estrategia.

Aunque hubo más personas que se quejaron, yo me mantenía firme. Después de todo, si me hubieran conocido antes de ser cristiano se habrían quedado anonadados por lo mucho que yo había mejorado. Además, mi humor ligeramente subido de tono conectaba con las personas no asistentes a la iglesia: hombres y mujeres que visitaban nuestra iglesia por primera vez. Yo no podía evitar que esas otras personas «legalistas» no tuvieran la libertad que yo disfrutaba.

Muchos de los líderes más fieles de nuestra iglesia convocaban reunión tras reunión para hablarme de mi «problema». Para ser sincero, yo me estaba cansando de sus incesantes quejas. Ellos sencillamente no eran tan evangélicos como yo, y obviamente no tenían un buen sentido del humor. Al final de lo que parecía ser la reunión número cien sobre mis bromas, un anciano caballero excepcionalmente sabio me pidió que orásemos. «Ya que estás convencido de que no estás haciendo nada equivocado», continuó él sinceramente, «¿pedirías a Dios que te muestre si Él tiene algo que cambiar?». Solamente para quitarme de en medio a ese hombre, estuve de acuerdo a regañadientes en orar, aunque yo sabía que eso no cambiaría mi postura.

Al no querer faltar a mi palabra, unos días después hice una oración medio sincera parecida a la siguiente: «Dios, sé que todas esas personas están equivocadas, pero si hay algo que tú necesitas mostrarme acerca de limpiar mi modo de actuar, por favor hazlo».

Tenga cuidado con lo que ora.

Al domingo siguiente, mi hija mayor, Catie, que tenía siete años en aquella época, fue a la «iglesia de los grandes» y se sentó con mi esposa, Amy, mientras yo predicaba. Yo miré a mi inocente hija, que sonreía atentamente y tenía en su funda color rosa orgullosamente su Biblia Precious Moments. Justamente cuando estaba a punto de comenzar a decir una colorida broma, dudé. En un instante, Dios me lo mostró con claridad. Yo había sido grosero.

Cuando estaba a punto de decir algo que era verdaderamente divertido, pero no totalmente limpio, me di cuenta de que no querría que mi hija de siete años de edad dijera precisamente la frase que yo estaba a punto de decir mientras predicaba. De hecho, si la oía decir las palabras que yo estaba a punto de decir, la corregiría y le diría que eso no era adecuado.

Estaba atrapado.

Si yo no quiero que mi hija diga esa broma, ¿por qué debería hacerlo yo?

Por mucho tiempo yo había estado ciego a mis palabras tóxicas y mi humor subido de tono. Todo el tiempo pensaba que yo era divertido y que llegaba a personas que normalmente no asistían a la iglesia. Incluso cuando yo mismo estaba convencido de que mi método era sólido, todos los demás sabían que me estaba comportando de manera inmadura, en el mejor de los casos, y pecaminosa en el peor.

Ya que no podemos cambiar lo que no podemos identificar, pida a Dios que le muestre cualquier área de su vida que pueda ser peligrosa para usted, ofensiva para las personas que le rodean o desagradable para Dios mismo.

Hablar

Dios nos habla de muchas maneras. Él habla mediante su Palabra; habla mediante las circunstancias; habla mediante su Espíritu; y habla a través de las personas. Cuando busque a Dios, escuche con atención lo que Él pudiera decirle por medio de las personas que le rodean. Proverbios 15.31–32 dice: «El que *atiende a la crítica edificante* habitará entre los sabios. Rechazar la corrección es despreciarse a sí mismo; atender a la reprensión es ganar entendimiento» (énfasis del autor).

Me encanta la frase «crítica edificante». Ocasionalmente, Dios enviará a alguien para comunicar un mensaje fuerte e importante por medio de una crítica edificante. Es importante observar que no todas las críticas son edificantes y útiles. Sin duda, usted habrá sido sorprendido por algunas críticas *no edificantes*. Ya sabe, cuando algún idiota le critica o le menosprecia de manera hiriente o por algo insignificante que permite que esa persona se vea mejor que usted. En lugar de mejorar las cosas, las empeoran.

Pero hay veces en que una persona amorosa hace una crítica edificante. Esa persona se interesa por usted lo suficiente para confrontarle con amor. Al igual que los miembros de la iglesia que intentaban ayudarme a ver que mi humor crudo hacía daño a la iglesia, personas amorosas puede que corran ciertos riesgos para ayudarle a ver la verdad. Cuando lo hagan, escuche.

Durante varios años, seres queridos intentaron ayudarme con otro de mis puntos ciegos. Como pastor, yo me enorgullecía de relacionarme bien con otras personas, mostrando gracia, bondad y paciencia. Aunque yo estaba convencido de que era bueno en mis relaciones sociales, varias personas cercanas me dijeron que yo no era tan bueno como creía.

Amy estaba entre otras personas que expresaron que realmente yo necesitaba mejorar mis habilidades sociales. Ella me explicó sobriamente que yo con frecuencia parecía distraído, precipitado o aburrido cuando hablaba con personas en el vestíbulo después de la iglesia. Yo respondí verazmente que con frecuencia sí me sentía distraído, apresurado o aburrido, pero solamente porque había muchas otras personas con las que hablar, y yo tenía muchas cosas que hacer; y además, ¡algunas personas eran aburridas! Ellas hablaban sin parar, sin parar, sin parar. Para mí, si yo no era bueno con las personas era culpa de algún otro.

Después de años de escucharme defenderme a mí mismo, Amy y un par de sus amigas me mostraron lo que hago cuando hablo con otras personas. Con un espíritu juguetón, se comportaban como si fuesen yo mismo hablando con otra persona. Me mostraron cómo mi lenguaje corporal comunicaba falta de interés, miraba alrededor de la sala o me comportaba de modo distraído. Demostraron cómo a veces me apartaba ligeramente de la persona que me estaba hablando.

Cuando me mostraron el modo en que yo actuaba, me defendí, diciendo: «Claro, podría hacer eso, pero es a propósito. Estoy enviando una sutil señal de que no puedo hablar para siempre porque hay muchas más personas que necesitan mi atención». Mientras las palabras salían de mi boca, tuve el mismo sentimiento que cuando miré a mi hija entre la multitud.

Atrapado de nuevo.

Yo amo verdaderamente a las personas a las que lidero; pero mis actos, palabras y lenguaje corporal habían estado comunicando lo contrario. Cuando escuché a las personas más cercanas a mí, finalmente pude hacer algunas mejoras. Ahora trabajo duro para enfocarme en la persona que tengo delante, y poner todo mi corazón en esa conversación. Varias personas han expresado que han notado el cambio, y citan una tremenda mejora.

Por favor, escuche lo que sus seres queridos han estado intentando decirle. Si más de una persona le ha dicho que usted tiene un problema con algo, es bastante probable que tenga usted un problema. Si todos sus buenos amigos se preocupan por usted porque gasta demasiado cada mes, probablemente tenga un problema con gastar en exceso. Si sus padres, mejores amigas, hermanas de hermandad o compañeros de trabajo le dicen, todos ellos, que está saliendo con un idiota que no es bueno para nada, probablemente esté teniendo citas por debajo de sus posibilidades. Si todas las personas a quienes usted ama y en quienes confía expresan preocupación sobre sus hábitos alimenticios y su peso, probablemente debería usted dejar en la mesa el tenedor y escuchar.

Ahora sería un buen momento para detenerse y preguntarse sinceramente: «¿Hay algo que Dios haya estado intentando mostrarme mediante su Palabra o mediante personas de confianza que yo necesite escuchar?». Puedo prometerle que si usted escucha, Dios le hablará mientras lea en oración este libro. Si cree que no tiene ninguna falta, recuerde que la Escritura dice en 1 Juan 1.8: «Si afirmamos que no tenemos pecado, nos engañamos a nosotros mismos y no tenemos la verdad». Estoy orando para que Dios quite el engaño de nuestros corazones para que pueda entrar la verdad.

Verdad en acción

Cuando Dios revele toxinas espirituales que necesitan ser limpiadas, es mi oración que usted tenga la valentía de actuar con rapidez y decisión. Santiago lo dijo bien en 1.22: «No se contenten sólo con escuchar la palabra, pues así se engañan ustedes mismos. Llévenla a la práctica».

Cuando conocemos la Palabra y no hacemos lo que dice, estamos en desobediencia directa a Dios, viviendo una vida tóxica que Él no puede bendecir. Cuando Dios le muestre qué hacer, hágalo de inmediato. He oído decir que «la obediencia retrasada es desobediencia».

Si está viviendo con su novio o con su novia y sabe que no debería estar haciendo concesiones, déjelo o cásese. Si el número de seguidores en Twitter o amigos en Facebook se ha convertido en un ídolo para usted, es momento de derribar ese ídolo hasta que pueda manejarlo de manera saludable. Si está consumido por la preocupación, llámelo por su nombre: un pecado. No está confiando en las promesas y el poder de Dios. Deje de santificar el pecado de la preocupación llamándolo «asunto» y haga lo que sea necesario para renovar su mente con la verdad de Dios. Si cree que está usted gordo, pero pesa solamente 107 libras (cuarenta y ocho kilos), admita que tiene un problema. Es momento de obtener ayuda.

No puede usted cambiar lo que no ve. Es momento de ver la verdad. Puede que sea tentado a argumentar: «Pero yo no soy una mala persona». Permita que le diga con respeto y amor: «Sí, lo es; y yo también lo soy». Todos somos personas egoístas y pecadoras. La Biblia nos dice que nuestro corazón es engañoso sobre todas las cosas. Jesús, el único que es bueno, es el remedio para nuestro veneno.

Cuando usted identifica claramente lo que le está matando con lentitud (lo cual es mucho más difícil de lo que parece), puede llevar las influencias tóxicas a Jesús para obtener limpieza, purificación y sanidad. Cuando identificamos las mentiras que tan fácilmente nos decimos a nosotros mismos, su verdad puede hacernos libres.

Por el poder de Dios, debemos quitarnos las máscaras y decir la verdad. Piense en ello. ¿Por qué nos engañamos tan fácilmente a nosotros mismos? La respuesta es sencilla y transformadora: nos engañamos a nosotros mismos porque tenemos miedo a la verdad. Precisamente lo que tememos es lo que más necesitamos. Porque cuando conocemos la verdad, la verdad nos hará libres (Juan 8.32).

Deje de mentirse a usted mismo, tragándose los autoengaños venenosos que evitan que experimente un sano crecimiento espiritual. Admita la verdad. Reconozca sus errores. Si está dispuesto, la verdad le hará libre.

2

Pensamientos sépticos

Vencer nuestras falsas creencias

El pensamiento es el escultor que puede
crear la persona que usted quiere ser.
—Henry David Thoreau

Cuando estaba en la secundaria, estudié varios años de francés. Estudiaba duro y sacaba buenas calificaciones, y por eso pensaba que estaba preparado para traducir para las Naciones Unidas o para trabajar en la Embajada estadounidense en París. Cuando una estudiante extranjera de intercambio, a la que llamaré Claire, llegó a nuestra escuela, fue mi primera oportunidad de probar mi «*Bonjour, comment allez-vous*» en una conversación real y no solo en el salón de clase. El hecho de que ella era agradable y un poco cosmopolita comparada con las otras muchachas en nuestra escuela pudo haber afectado también mi motivación.

Aunque yo siempre había sacado muy buenas calificaciones en la clase de francés, los primeros minutos de mi intento de conversación con Claire no llegaron muy lejos. Cuando ella me hablaba en francés, yo oía lo que ella decía en francés; entonces, en mi mente, lentamente traducía sus palabras francesas al inglés. Preparaba mi respuesta en inglés y después la traducía cuidadosamente al francés: todo ello en mi mente. Cuando había dado esos tediosos pasos, intentaba responder en francés, y después volvía a realizar el ejercicio completo. No es necesario decir que descubrir la declinación verbal correcta en francés no es muy atractivo. Es difícil parecer genial cuando uno tropieza con las palabras de la misma manera en que el inspector Clouseau tropieza con los muebles en la película La pantera rosa.

Una media hora después, sin embargo, algo cambió en la conversación entre nosotros. Cuando mi *nouvelle amie* Claire hablaba en francés, por primera vez yo realmente pensé en francés. Debido a que oía y pensaba en su idioma, no tenía que traducir laboriosamente de un idioma al otro en mi mente. En cambio, las palabras comenzaron a recorrer mi lengua. Poco después estábamos hablando como si hubiéramos sido amigos por años.

Perdido en la traducción

Si alguna vez ha aprendido a hablar un idioma extranjero, podrá identificarse con el modo en que se produce este cambio. Uno de los mayores obstáculos para el crecimiento espiritual surge cuando nos quedamos atascados en nuestros pensamientos negativos, inciertos e impuros en lugar de hacer la traducción a la Palabra de Dios. Perdemos ímpetu porque nos cansamos de intentarlo cada vez con más fuerza y sentirnos desesperanzados. Yo podría fácilmente haber quedado frustrado y dejar de intentar comunicarme con la nueva estudiante de intercambio. Sentía que era demasiado difícil y que no valía la pena el esfuerzo.

Sin embargo, al perseverar, crecí en mi capacidad de entender y hablar francés y también establecí una conexión relacional. Estoy convencido de que cuando se nos deja en nuestro propio idioma materno de negatividad, perdemos de vista la verdad espiritual que puede hacernos libres. Tristemente, muchos de nosotros nos negamos a abrirnos paso entre la confusión y el clamor del pensamiento negativo y las falsas creencias que pueden bombardearnos.

«No soy bueno. Siempre fracaso. Nunca llegaré a nada».

«Mi vida no importa. Nadie se interesa realmente por mí. Si desapareciera, nadie lo notaría, y mucho menos le importaría».

«A pesar de lo mucho que lo intente, nunca marcaré una diferencia. Parece que estropeo todo lo que hago».

«Dios nunca podría amarme. Después de todo lo que he hecho, ¿por qué se interesaría Dios por mí? No valgo nada».

«Mi vida apesta; y solo va a empeorar. Nunca tendré un respiro. No hay manera en que pueda cambiar mi modo de ser».

«Tengo que ocuparme de mí mismo. Ninguna otra persona, especialmente Dios, me ayudará. Es mejor que consiga todo lo que pueda siempre que tenga la oportunidad».

Cualquiera de esos pensamientos puede ser mortal, y si los acumulamos pueden encarcelarnos en un pozo infernal de desecho tóxico. Si queremos salir a la exultante libertad de la verdad de Dios, entonces debemos comenzar diagnosticando de modo preciso nuestro problema. Como hablamos en el capítulo anterior, usted no puede vencer un pecado que no pueda identificar.

La raíz de la mayoría de los pecados que cometemos exteriormente son las falsas creencias que aceptamos interiormente. Para experimentar una vida de pureza con un corazón limpio, debemos identificar y rechazar los pensamientos tóxicos que evitan que obtengamos lo mejor de Dios. No necesitamos que un Dr. Phil nos diga lo que Dios nos reveló en su Palabra hace miles de años: sus pensamientos determinan aquello en lo que se convertirá. Proverbios 23.7 dice: «Porque cual es su pensamiento en su corazón, tal es él» (RVR).

Si tiene pensamientos negativos y tóxicos, llegará a ser una persona negativa y enferma. Su alma se estancará y se secará. Si usted tiene la verdad de Dios en sus pensamientos, llegará a ser semejante a Cristo. Su alma fluirá con agua viva y se desarrollará. Si no intenta traducir lo negativo en verdad positiva, si no está dispuesto a enfocarse en las verdades absolutas de Dios en lugar de hacerlo en su propia charla mental, entonces solamente se alejará de lo que usted más desea.

La mayoría de las batallas en la vida se ganan o se pierden en la mente. Abraham Lincoln dijo: «Yo quiero conocer todos los pensamientos de Dios. El resto son solo detalles». Nuestros pensamientos están enfocados en lo eterno, transformador y verdadero, o quedan perdidos en los detalles de nuestras creencias temporales, egoístas y falsas. Si es usted cristiano, entonces es plenamente consciente de la batalla que se produce entre su carne (sus deseos terrenales) y su espíritu (sus deseos celestiales).

Esta batalla continua entre carne y espíritu normalmente se pelea en nuestra mente. Por ejemplo, un esposo no se despierta una mañana y decide que va a engañar a su esposa ese día. En cambio, es un proceso gradual de ir alejándose pensamiento a pensamiento y que le permite comenzar una relación adúltera. Si queremos ganar la batalla física, tenemos que controlar el campo de batalla espiritual. Y la Escritura deja claro cómo podemos controlar el campo de batalla: «Por sobre todas las cosas cuida tu corazón, porque de él mana la vida» (Proverbios 4.23).

Juegos mentales

Al igual que un cortafuegos que protege su computadora, necesita permanecer vigilante contra las mentiras de Satanás que amenazan con contaminar el disco duro de su mente. Tenemos que saber contra lo que luchamos, por qué luchamos y cómo detectar al enemigo. Pablo hace que nuestra estrategia sea clara y concisa en su enseñanza a los corintios: «Las armas con que luchamos no son del mundo, sino que tienen el poder divino para derribar fortalezas» (2 Corintios 10.4).

La palabra griega traducida como «fortalezas» aquí es *ochuroma*. Como nombre, puede traducirse como «castillo» y, como verbo, «fortificar». Una traducción literal del uso que hace Pablo de estas palabras sería «un prisionero encerrado por el engaño». Como cristianos, tenemos armas más fuertes que cuchillos, pistolas y granadas. Tenemos la fe, la oración y la Palabra de Dios. Dios quiere que utilicemos sus armas para ganar la batalla de la mente. La verdad de Dios nos libera de la cárcel de las mentiras.

Desgraciadamente, muchos creyentes se mantienen cautivos de las mentiras tóxicas. Nosotros tenemos la llave en nuestra propia mente, pero la perdemos de vista en el cajón de sastre de nuestros pensamientos negativos. Esto explica el mensaje de Pablo a medida que él continúa en su carta a la iglesia en Corinto: «Destruimos argumentos y toda altivez que se levanta contra el conocimiento de Dios, y llevamos cautivo todo pensamiento para que se someta a Cristo» (2 Corintios 10.5). Cualquier pensamiento que no provenga de Dios debería ser destruido y aniquilado. En lugar de ser prisioneros de guerra, llevamos cautivos los pensamientos inciertos y los hacemos obedientes a la verdad de Dios. Podemos ganar los juegos mentales.

¿Cómo? Por el estudio propio de la Palabra de Dios, mis propias experiencias y también las experiencias compartidas de otros, he identificado cuatro tipos específicos de desecho tóxico que pueden envenenar nuestra mente: (1) *pesimismo*, que normalmente produce pensamientos negativos crónicamente; (2) *ansiedad*, que normalmente se manifiesta como pensamientos de temor y preocupación; (3) *amargura*, que contamina nuestro pensamiento con pensamientos de descontento y envidia; y (4) *crítica*, que bombea pensamientos destructivos de juicio en nuestra mente. Para ayudarle a identificar sus propias áreas de atadura de pensamiento, veamos cada uno de ellos y cómo podemos vencerlos.

Ensalada de malas hierbas

Tome un minuto para examinar sus pensamientos. ¿Batalla con pensamientos negativos crónicamente acerca de usted mismo, otros o la vida en general? Quizá en su charla con usted mismo, se diga: «Yo no tengo lo necesario. A pesar de lo mucho que lo intente, nunca avanzaré. A pesar de lo que yo haga, siempre salgo perdiendo. Mi vida siempre será apestosa».

O quizá se vea con frecuencia abrumado por demasiadas cosas que hacer. A pesar de lo mucho que trabaje, siempre hay más. Trabaja arduamente con poca o ninguna esperanza de alivio. Aunque realmente podría tener demasiadas cosas en su propio plato, sus pensamientos negativos solamente agravan el problema. «Sencillamente no puedo hacerlo todo. Hay demasiadas cosas. Nadie me lo agradece, de todas formas. Lo único que hago es dar, dar, dar. Todos los demás me dejan seco. No sé cuánto tiempo más podré soportarlo».

Podría ser que sus patrones de pensamiento negativo tiendan a surgir en áreas de la vida más triviales. Podría encontrarse quejándose: «Mi cabello se ve horrible; nunca se queda como yo quiero». «No tengo nada que ponerme y no puedo permitirme comprar nada que me gustaría llevar, de todas formas». «¿Nos hemos quedado sin comida otra vez? ¿Creen los niños que estamos hechos de dinero?». «¡No puedo creer que malgastase mi dinero en este estúpido libro!» (espero que no esté pensando esto último, pero nunca se sabe).

Incluso si existe un gramo de verdad en un pensamiento en particular, el lugar donde usted planta la semilla determina cómo crecerá, y si lo hará. Si permite que crezcan malas hierbas en su jardín durante demasiado tiempo, ahogarán la verdad y apagarán su gozo. Se verá usted obligado a comer ensalada de malas hierbas porque se han apoderado del buen fruto que usted quería que creciera allí.

Limpie el jardín de su mente regularmente. ¿Qué necesita una poda? ¿Qué necesita ser cortado desde el brote antes de que se apodere del fruto del Espíritu que su alma desea producir?

Elevada ansiedad

Un primo cercano del pensamiento negativo es el pensamiento de temor. Puede que usted sea capaz de recitar el versículo que dice: «Dios no nos ha dado un espíritu de temor», mientras que sus pensamientos están acosados por una multitud de espíritus de temor. Al igual que muchas personas, podría estar usted consumido por temores económicos. «¿Qué va a suceder con la economía? ¿Cree que podría tener pérdidas en mi plan de inversión? ¿Y si mis impuestos vuelven a subir? ¿Y si mi empresa realiza despidos y me quedo sin trabajo?».

O podría verse abrumado por temores relacionales. Usted ama a su cónyuge, pero él o ella le siguen defraudando. El matrimonio

no es lo que usted esperaba que fuese. «¿Seremos capaces de solucionar las cosas? ¿O me conformo con menos y me quedo callado?
¿Me sigue queriendo?». «¿Me seguirá prestando tanta atención
como solía?». Quizá espera usted casarse, pero no está seguro de
poder confiar realmente en nadie. «¿Y si nunca me caso? Mi reloj
sigue avanzando segundo a segundo. ¿Cómo se puede confiar de
verdad en alguien, de todos modos? La mayoría de las personas
que he conocido solo miran por ellas mismas. Probablemente esté
destinado a quedarme soltero el resto de mi vida».

Si es usted padre o madre, es probable que con frecuencia se
preocupe por sus hijos. Sabe que no debería preocuparse, pero
es difícil no estar ansioso cuando piensa en el mundo actual.
«¿Y si mis hijos se juntan con las personas equivocadas? Espero
que no estén bebiendo, practicando sexo o consumiendo drogas. Hay muchas malas influencias. No puedo dormir por la
noche pensando en todos los peligros a que se enfrentan mis
hijos».

Yo batallo con esta categoría tóxica de pensamientos tanto
como cualquiera. Aunque sé que es irracional, me sigo encontrando a mí mismo montado en un tren de preocupación durante
todo el camino hasta la última parada en Elevada Ansiedad. Si
Amy se retrasa en regresar a casa, mi mente comienza a divagar.
¿Habrá tenido un accidente? Si es así, podría estar muerta. Yo no
puedo vivir sin ella. Un momento, si está muerta tengo que preparar su funeral. Yo soy el pastor, pero no hay manera en que pudiera dirigir el funeral de mi esposa. Y entonces, ¿qué me pasará a
mí? ¿Cómo podré alguna vez ayudar a los niños a sobreponerse
a esto? ¿Y cómo seguirá adelante mi vida? Nadie se casaría nunca
con un tipo que tiene seis hijos.

Muy bien, ahora ya sabe usted cómo puede orar por mí. Todos
tenemos nuestros problemas, ¿no es cierto?

Insatisfacción garantizada

Aunque la mayoría de las personas que están vivas en la actualidad son más bendecidas que cualquiera en la historia del mundo, sigue siendo muy fácil llegar a consumirse por el descontento. Entre la abundancia de bendiciones que experimentamos diariamente, pensamientos de insatisfacción aparecen como si fuesen granos en un adolescente. Quizá usted batalle con pensamientos de descontento con su cuerpo o con su aspecto. «No me gusta mi cuerpo. Me gustaría verme diferente. A pesar de lo que haga, sencillamente no doy la talla físicamente».

O quizá esté encerrado en tener que salir con alguien. No se siente completo sin tener a su lado a alguien del sexo opuesto. «No puedo ser feliz a menos que tenga citas con alguien. Y todas las buenas personas parece que ya están ocupadas. Supongo que esta servirá por ahora, pero no para siempre. ¿Puede alguien quererme, de todos modos?».

Si tiene usted ese tipo de pensamientos mientras no está casado, es probable que encuentre muchas más razones para estar insatisfecho cuando dé el «sí quiero». «Me gustaría que mi esposo fuese un mejor proveedor... o líder espiritual... o comunicador... o amante... o cualquier otra cosa». «Desearía que mi esposa no se quejase todo el tiempo, diciéndome que le gustaría que yo fuese un mejor proveedor... o líder espiritual... o comunicador... o amante... o cualquier otra cosa».

Y la lista continúa. «Me gustaría que tuviéramos hijos... o más hijos... o hijos distintos. Desearía que fuesen más inteligentes, o más atractivos, o mejores atletas». No olvidemos la insatisfacción material. «Me gustaría que tuviéramos un auto mejor... o más dinero... o ropa más bonita... o mejores vacaciones... o una casa más grande con una cocina más grande con encimeras de granito, y una tercera plaza de garaje para la barca que me gustaría que tuviéramos pero que no puedo permitirme porque tengo ese estúpido trabajo que no me gusta y por el que me pagan mucho menos dinero del que realmente merezco».

Masa crítica

Quizá sin ni siquiera saberlo, está consumido con la crítica de cualquier cosa que se cruce en su camino. Le encuentra faltas a todo el mundo, a los edificios, a las empresas, a las iglesias, al menú del almuerzo de hoy, o a cualquier otra cosa con que se encuentre. Conoce a alguien y al instante dice: «No puedo creer que vaya vestida así; sin duda, sabe lo vulgar que se ve con ese vestido. Y lleva demasiado maquillaje. Solo hay que escuchar los nombres que menciona; ¡vamos!». O quizá mira usted a alguien y tiene pensamientos críticos: «Yo nunca haría eso. ¿Quién se cree que es? Está lleno de sí mismo; qué idiota».

En el trabajo, podría descubrir que sus pensamientos constantemente se desvían hacia la crítica. «Este lugar es un zoo y, por tanto, está por debajo de donde yo debería trabajar. Las personas con quienes trabajo son un grupo de idiotas. Todo este lugar se vendría abajo sin mí. ¿Por qué me quedo aquí, de todos modos?».

O entra usted en una iglesia por primera vez (algo que últimamente hace mucho, ya que va a la misma iglesia solo hasta que encuentra algo que no puede soportar allí). «Este edificio se parece a un centro comercial; oh, realmente lo era antes. Estas personas no son nada amigables. La música está demasiado alta, y hay demasiado rock 'n roll (o música tradicional, o anticuada, o progresiva). El pastor es muy aburrido. El café es muy flojo; sin duda, no lo bastante fuerte, y estoy seguro de que no es de comercio justo. Incluso sus rosquillas están blandas».

Deténgase por un momento. Reflexione en sus pensamientos. Sea brutalmente sincero. ¿Batalla con pensamientos negativos sobre usted mismo, otras personas, o la vida en general? ¿Está a menudo consumido con pensamientos de temor y preocupación, poniendo su fe en que sucederán cosas malas en lugar de buenas? ¿Se encuentra descontento, deseando siempre que la vida fuese diferente o mejor? ¿Es ocasionalmente o con frecuencia crítico, y siempre encuentra algo mal en muchas otras personas, lugares o cosas? Si respondió sí a una o más de las anteriores preguntas, su vida está siendo infectada por pensamientos tóxicos. Está usted perdiendo la batalla de la mente. Es momento de luchar para ganar.

Después de echar una mirada larga y seria, intervenga y agarre esos feos pensamientos y la cadena de charla con usted mismo que normalmente produce esos pensamientos. Si hay algo que crea que a Dios le resultaría impío y desagradable, márquelo. Los pensamientos negativos, temerosos, descontentos y críticos no se permiten ni se toleran. Ellos son sus prisioneros, y no usted el prisionero de ellos.

Prueba de pensamientos

Cuando haya identificado pensamientos tóxicos, es momento de emprender la acción y sustituir las mentiras por la verdad. En Filipenses, Pablo dijo: «Y la paz de Dios, que sobrepasa todo entendimiento, cuidará sus corazones y sus pensamientos en Cristo Jesús» (4.7). A medida que medite en Dios, Él protegerá su mente. Además, será lleno de aquello que mantenga en su mente. Tal como Pablo lo explicó: «Por último, hermanos, consideren bien todo lo verdadero, todo lo respetable, todo lo justo, todo lo puro, todo lo amable, todo lo digno de admiración, en fin, todo lo que sea excelente o merezca elogio» (Filipenses 4.8). Cuando tenga los pensamientos de Dios, Él guardará su mente con paz. En lugar de meditar en veneno, usted meditará en la verdad. Puede que no vea un cambio en su vida de la noche a la mañana, pero si dirige sus pensamientos hacia Dios, le prometo que con el tiempo su vida será más gozosa y más llena de paz de lo que pueda usted imaginar.

Cuando adquiere el gusto por los pensamientos saludables y piadosos, su paladar mental se vuelve más sensible al gusto del veneno. Recientemente me acordé de este beneficio cuando mi esposa y yo nos vimos obligados a discernir la verdad en una situación con unos buenos amigos nuestros. Amy y yo hemos sido amigos de una pareja en particular por muchos años. Hemos compartido juntos incontables cenas, hemos visto docenas de obras de teatro, actuaciones y eventos deportivos de nuestros hijos, y hemos intercambiado regalos en Navidad por más de dos décadas.

Razón por la cual quedamos tan devastados cuando una mujer me dijo que nuestros amigos estaban hablando mal de nuestra familia.

Nos sentimos derribados y traicionados. ¿Cómo podían nuestros buenos amigos decir tales cosas? Pensamos en llamarles y decírselo. Comenzamos a hacer nuevos planes para la noche del viernes a fin de evitar ver a nuestros amigos en un evento en la iglesia. Pensamos en sacar a nuestros hijos de las actividades que compartían con los hijos de ellos.

A medida que nuestros pensamientos se dirigían directamente hacia el precipicio, Amy finalmente puso los frenos y dijo: «Espera un momento. ¿Quién te dijo que nuestros amigos habían dicho esas cosas malas de nuestra familia?». Cuando le dije a Amy el nombre de la señora, ella enseguida me recordó que no la conocíamos bien; y conocíamos muy bien a nuestros amigos. Durante años, nuestros amigos habían sido siempre leales, fieles y llenos de integridad.

Fue entonces cuando Amy y yo acordamos agarrar nuestros pensamientos y llevarlos cautivos. En lugar de permitir que nuestros pensamientos se llenasen de veneno basados en un rumor, *decidimos* creer lo mejor acerca de nuestros amigos. Nuestros pensamientos son nuestros; y nosotros tomamos la mejor decisión. Por tanto, decidimos canalizar nuestras mentes en una dirección que diese honra a Dios.

No llamamos a nuestros amigos y se lo dijimos. No sacamos a nuestros hijos de sus eventos comunes con amigos. Y sí fuimos al evento en la iglesia y vimos a nuestros amigos, que fueron tan maravillosos como siempre habían sido.

Varias semanas después, la señora que me había dado las desalentadoras noticias se disculpó y me explicó que había cometido un error. Estuvimos muy agradecidos por no haber permitido que nuestros pensamientos nos llevasen a un lugar donde nunca deberíamos haber ido. Estuvimos muy agradecidos por ser capaces de probar nuestros pensamientos y reconocer la amarga mordedura del veneno.

La dieta de carne muerta

Esa experiencia nos proporciona una imagen estupenda de las opciones que tenemos cuando confrontamos nuestros pensamientos. Cuando oímos algo que no es cierto, primero tenemos que discernir la mentira. Podríamos disminuir el ritmo para preguntarnos: ¿es esto cierto? Para responder, puede que tuviéramos que pensar: ¿qué dice la Biblia acerca de esto? Una vez que determinamos que ese pensamiento no proviene de Dios, tenemos que determinar lo que sí proviene de Dios. Entonces decidimos tener los pensamientos piadosos en cambio. Durante un tiempo, puede que sea un proceso paso a paso, parecido a cuando yo intentaba conversar en francés y tenía que detenerme y traducir cada idea palabra por palabra.

Después de un tiempo, sin embargo, nuestra mente será hecha nueva, diferente y llena de verdad. Llegaremos a tener soltura en la verdad de Dios y seremos capaces de exterminar las falsas ideas que intentan alimentarse de nuestra fe. Instintivamente reconoceremos los pensamientos venenosos y los rechazaremos antes de que manchen nuestros pensamientos. En cambio, pensaremos cosas que sean verdaderas, nobles, correctas, puras, amables y admirables. Si hay algo excelente o digno de admirar, pensaremos en esas cosas. Sin duda, rechazaremos pensamientos que no provengan de Dios. Y de modo natural (o sobrenatural) tendremos el tipo de pensamientos de Dios.

Usted siempre encontrará lo que busque. Piense en la diferencia entre dos aves: un buitre y un colibrí. Los buitres surcan el cielo muy alto, buscando y examinando. ¿Qué encuentra un buitre? Cosas muertas. Esa fea ave de tamaño exagerado no se detiene hasta que encuentra carne muerta y que se pudre. Comparemos al buitre con el diminuto colibrí. Con alas que se baten veinte veces por segundo, ¿qué encuentra esta pequeña ave? No cosas muertas y asquerosa carne rancia, sino en cambio néctar dulce y apetitoso. Diariamente, cada ave encuentra lo que está buscando.

Lo mismo es cierto para usted. Puede estar siguiendo una dieta de carne muerta o puede encontrar néctar en cada día. Es su decisión, porque usted encontrará lo que busque. Si quiere encontrar cosas que sean negativas o por las que preocuparse, no le resultará difícil. Si planea ser crítico, no tendrá que buscar muy lejos para encontrar fallos. Si escoge ser negativo, fácilmente logrará su meta; pero si quiere ver lo bueno en la vida, puede encontrarlo por todas partes. Si decide buscar lugares donde Dios esté obrando, verá su amorosa presencia en cada lugar donde mire. Si decide buscar esperanza, fe y un futuro mejor, descubrirá esas cosas positivas y otras muchas incontables veces al día.

Decida el destino de su mente. Cada vez que su mente se aleje hacia pensamientos negativos, deténgase. Agarre esos pensamientos que se alejan. Haga todo lo necesario para sacar la basura de su mente. Un profeta del Antiguo Testamento le dijo a Dios: «En cuanto a mí, SEÑOR, tú conoces mi corazón; me ves y pruebas mis *pensamientos*. ¡Arrastra a esta gente como se lleva a las ovejas al matadero! ¡Apártalos para la masacre!» (Jeremías 12.3, NTV, énfasis del autor). ¿Puede oír la pasión por la verdad en las palabras de Jeremías? Él le pidió a Dios que probase sus pensamientos, que identificase cualquiera que fuese una «ovejas negra», los arrastrase y los matase.

¿Está usted dispuesto a pedir a Dios que haga lo mismo con sus pensamientos?

Transformación mental: edición de Dios

Quizá esté pensando: «Muy bien, Craig, agradezco su pequeña charla sobre el pensamiento positivo y cómo Dios quiere que veamos que el vaso está medio lleno, y no medio vacío». Por favor, no limite lo que estoy diciendo a autoafirmaciones y pensamiento positivo. No estoy diciendo que moldee su vida con buenos pensamientos. Estoy diciendo que la moldee con los pensamientos de Dios.

Elimine cualquier cosa que no provenga de Dios. Ponga sus pensamientos en consonancia con su Palabra. Si su vida está continuamente contaminada con pensamientos poco sanos, lávelos con el agua de la Palabra (véase Efesios 5.26). Al igual que los blancos rápidos en un río suavizan los bordes afilados de las rocas dejándolas como piedras lisas, así la verdad de Dios transforma los bordes de nuestros pensamientos quebrantados y los convierte en una base firme sobre la cual podemos edificar nuestra fe.

No es usted una víctima de sus pensamientos. Usted tiene la capacidad por medio de Cristo de llevarlos cautivos y, como resultado, encontrará lo que busca. Puede creer lo peor o pensar lo mejor. Puede encontrar razones para preocuparse o razones para tener fe. Puede vivir de modo pesimista, o puede poseer una fe transformadora.

El mundo está lleno de toxinas espirituales, pero su mente no será vencida. Pablo nos recuerda el antídoto sobrenatural para los venenos que intentan infectar nuestra mente en Romanos 12.2: «No se amolden al mundo actual, sino sean transformados mediante la *renovación de su mente*» (énfasis del autor). La palabra griega traducida como «renovación» es *anakainosis*, que significa «restaurar, renovar, hacer mejor que nuevo». Yo imagino una casa vieja e infestada de termitas que es transformada por un buen exterminador y un equipo de construcción. Piense en ello como «Transformación mental: ¡edición de Dios!».

Si quiere vivir una vida limpia en un mundo contaminado, debe quitar las semillas de veneno desde el interior. Practique el llevar todo pensamiento cautivo; pida a Dios que identifique y ayude a quitar de su mente las ideas e imágenes que merman la vida. Llene sus pensamientos con la verdad de Él y la belleza de su bondad. Renueve su mente y vea su fe crecer de maneras que le asombrarán.

3

Lenguaje letal

Cómo experimentar el poder de las palabras que dan vida

Las palabras que no dan la luz de Cristo
aumentan la oscuridad.
—Madre Teresa

Era una fría tarde de octubre cuando finalmente supe la verdad. Hasta entonces, yo había vivido mis primeros diez años en una dichosa ignorancia, protegido de la dolorosa revelación que estaba a punto de hacer pedazos mi mundo. Ashley Sanders, mi vecina y compañera de juegos de quinto grado, se columpiaba a mi lado en el columpio de su patio. Mientras se impulsaba con sus piernas hacia adelante dirigidas hacia el cielo, su cabello dorado recogía la brisa. Al llegar a lo más alto del arco en su columpio, con gracia echaba sus piernas hacia atrás por debajo del asiento de madera a la vez que la gravedad la empujaba hacia atrás.

Para no quedarme atrás, yo me incline hacia atrás y estiré del todo mis piernas para poder columpiarme un poco más alto que Ashley, con la intención de impresionarla con mi diestra capacidad para columpiarme. Durante unos breves minutos, la vida no podría haber sido mejor: la brisa sobre mi cara, la niña más bonita de la clase a mi lado, el sol en su cabello. Entonces, Ashley me atacó por sorpresa con una bomba transformadora.

«Tienes un perfil feo», me dijo dándolo por sentado, de la misma manera que podría decir: «Hoy hace mucho calor», o «Vamos a cenar una hamburguesa».

¿Escuché correctamente? ¿Feo? ¡De ningún modo!

La niña de mis sueños de quinto grado entonces añadió una mirada que decía: «Yo me veo mucho mejor que tú y no querría que fueses mi novio aunque fueras el único muchacho en la ciudad».

Mi cuerpo se quedó paralizado debido al asombro y anonadado por su ataque. Asombrado, me aferré con mucha fuerza, sin preocuparme ya por columpiarme más alto, sino por temor a caerme.

«¡No es así!», le grité. Aunque yo no sabía lo que era un perfil, la palabra *feo* relacionada con cualquier cosa acerca de mi silueta varonil de quinto grado inmediatamente me hizo ponerme a la defensiva.

«Sí que lo tienes», dijo Ashley de manera plana, con su voz desprovista de cualquier emoción humana. Entonces volvió a dispararme, impulsando cada palabra para que tuviera impacto de esa manera cantarina y clara que solamente una princesa del parque infantil domina: «Tienes un perfil feo».

Mi mente se aceleró. ¿Qué es un perfil? ¿Una herramienta de jardín? ¿Un aparato de cocina?

Por temor a poner en un compromiso mi férrea defensa del «no es así», tragué saliva de todos modos y pregunté: «Y... de todas formas, ¿qué es un perfil?».

Ella respondió: «Estúpido. Es cómo te ves desde el lado». Al mirarme desde el lado mientras seguía columpiándose, dejó caer sobre mí la dolorosa verdad. «Tienes un perfil feo porque tu nariz es muuuuy grande».

El tiempo se detuvo.

¿Nariz grande? ¿Yo? ¿De qué estaba hablando? Mi nariz es una nariz normal. No hay nada de especial ni fuera de lo normal con respecto a mi nariz normal, de cada día y del tamaño perfectamente promedio.

Abandoné mi puesto de batalla y me fui corriendo a casa tan rápidamente como pude. ¿Podría ser cierto? ¿Tengo yo una nariz grande? Después de pasar rápidamente al lado de mi hermana, me apresuré hasta el cuarto de baño para comprobarlo. Orando por lo mejor y preparándome para lo peor, agarré el espejo de mano de mi mamá y lo sitúe al lado del lavabo. Giré mi cabeza hacia un lado y puse el espejo de mano en ángulo de modo que se reflejará en el espejo más grande del cuarto de baño. En ese momento, lo entendí. Yo me había visto a mí mismo en espejos solamente de frente durante toda mi vida. De frente, mi nariz parecía normal. Pero desde el lado...

Era cierto; yo tenía una nariz considerablemente mayor que el muchacho promedio. «¡Aaaaaaaaaa!», grité, asombrado por lo que vi. Ashley Sanders, aunque en cierto modo cruelmente, no mintió. Yo sí tenía una nariz grande. Las narices grandes forman perfiles feos.

Mi vida ya nunca sería igual.

Palos y piedras

No tiene que tener una nariz grande para escuchar el mantra infantil: «Palos y piedras pueden romper mis huesos, pero las palabras nunca pueden hacerme daño». Solo porque las digan niños y niñas de quinto grado no significa que sean ciertas. El incidente con Ashley Sanders sigue siendo un buen ejemplo para mí. Quizá la traducción adulta de esta frase tan antigua sea más parecida a: «Palos y piedras pueden magullar su cuerpo durante unos días, pero las palabras pueden dejar cicatriz en su alma toda la vida».

Al igual que una bomba de neutrones que aniquila la vida humana pero deja intactos los edificios, las palabras pueden ser devastadoras. Su cuerpo puede que no reciba daño, pero su corazón sufre la mortal metralla de las frases dolorosas. David, quien sabía algunas cosas sobre tener enemigos en lugares elevados, escribió que los malvados «Afilan su lengua como espada y lanzan como flechas palabras ponzoñosas» (Salmos 64.3). Tenga usted dieciocho u ochenta años, probablemente puede recordar el dolor de las duras palabras de alguien que quemaron su alma. Quizá sigue oyendo el mensaje de hace tantos años, que resuena como un bucle en su mente, y se hace eco en su interior cada día:

«Nunca llegarás a nada».
«Desearía no haberte tenido nunca».
«No eres como tu hermano».
«Estoy harto de ti».
«Nunca cambiarás».

A pesar de lo devastadoras que puedan ser esas palabras, pueden ser también contrarrestadas por palabras de verdad, esperanza y amor. Las palabras apropiadas en el momento correcto pueden ser útiles, sanadoras y transformadoras. Proverbios 18.21 dice: «En la lengua hay poder de vida y muerte». Lo que usted dice puede dar vida a usted y a otras personas, o puede quitar la vida.

Las palabras tienen un poder que está por encima de la imaginación. Piense en ello. Cuando Dios creó el mundo, ¿cómo lo hizo? Él habló. Dios dijo: «Sea...», y fue. Las palabras tienen poder. En muchos cuentos, leyendas y mitos, es el poder de un hechizo declarado, un encanto o una frase mágica lo que puede causar destrucción o restaurar la armonía.

La potencia de las palabras piadosas puede revivir, sanar y cambiar nuestras vidas. Las palabras impías tienen el poder de atar, encarcelar y destruir.

Las palabras creativas crean.

Las palabras destructivas destruyen.

Las palabras dolorosas aplastan.

Las palabras útiles edifican.

Las palabras tóxicas envenenan.

Las palabras suaves sanan.

Las palabras llenas de fe producen vida.

Las palabras sin fe producen muerte.

Incontables veces al día, cuando se trata de lo que usted oye y dice, tiene decisiones que tomar. Cuando usted oye las palabras de otros, puede decidir recibirlas como verdad o rechazarlas como mentiras. Y cada vez que abre su boca para pronunciar una palabra, tiene la oportunidad de declarar vida o la tentación de quitarla. Piense de nuevo en los últimos días. Cuando habló usted a otros, ¿qué oyeron ellos? O bien dirigió usted dardos afilados y envenenados a sus corazones, o les inyectó palabras que dan vida y honran a Dios.

Ambos lados de su boca

Varios pasajes en la Biblia contrastan claramente la diferencia. Proverbios dice: «El charlatán hiere con la lengua como con una espada, pero la lengua del sabio brinda alivio» (12.18). ¿Qué son palabras charlatanas? Son la metralla de vidrio que usted lanza en el fragor de una discusión. Son las palabras que sabe que lamentará tan pronto como salen de su lengua. Son los mensajes amargos, dolorosos y cancerígenos que dejan a las personas enfermas y con sufrimiento. Hablando del otro lado de su boca, la lengua del sabio produce aliento, gozo y sabiduría. Proverbios 15.4 expresa esta dualidad de otra manera: «La lengua que brinda consuelo es árbol de vida; la lengua insidiosa deprime el espíritu». Las palabras positivas plantan semillas para hermosos árboles. Las palabras engañosas envenenan a otros como el veneno para las malas hierbas.

¿Qué frases están grabadas en su memoria que han dado forma a su vida? Si es usted como la mayoría de las personas, podrá recordar varias de las muchas frases tóxicas que han sido dirigidas hacia usted. Podrían haber sido inocentes: «¿Tenías intención de hacer eso con tu cabello?». «¿Por qué no estás casado aún?». «Pensé que te iría mucho mejor».

O quizá las palabras tenían intención de atravesar su corazón como si fueran una daga venenosa: «¿Por qué no puedes hacer nada bien?». «Desearía no haberme casado nunca contigo». «Eres todo un personaje». «Me has defraudado por completo».

Es mi esperanza que usted también pueda recordar palabras que dan vida y que le dijeron en el momento preciso cuando las necesitaba. Quizá alguien le dijo: «Yo creo en ti», y fue lo único que usted necesitó para avanzar. Podría haber sido alguien que le dijera: «Estoy muy orgulloso de ti», y su afirmación tocó su alma. Quizá un buen amigo compartió: «Estoy más agradecido por ti de lo que nunca te imaginarás», y a su vez, esas palabras significaron mucho más para usted de lo que su amigo podría haber sabido. Las palabras dichas por un cónyuge amoroso pueden comunicar con frecuencia: «Me casaría contigo de nuevo», recordándole su apoyo.

Otro proverbio compara tales palabras con la miel y la medicina: «Panal de miel son las palabras amables: endulzan la vida y dan salud al cuerpo» (16.24). Yo estoy agradecido por las personas que hay en mi vida y que me alimentan con dulces palabras de afirmación y aliento.

Las palabras de Amy con frecuencia me han hecho continuar. Cuando estoy abatido y me siento inadecuado para el ministerio que tengo delante, ella me recuerda quién soy y lo que tengo en Cristo. Cuando otros critican nuestro estilo de ministerio, ella me recuerda que Dios nos llamó a hacer un trabajo diferente. ¡Y a veces, ella simplemente me llama su Mega-hombre! Puede que yo sea un tipo promedio, pero me gusta saber que soy su superhéroe.

Dios ha utilizado a mi mamá y papá para edificarme con fuerte afirmación. Durante todo el tiempo que puedo recordar, mamá me decía repetidamente: «Tú puedes hacer cualquier cosa que te propongas. Dios te ha dado dones tremendos, y yo sé que tiene planes increíbles para tu vida». Cada vez que ella decía esas palabras, plantaba semillas de fe en mi corazón que años después crecieron y florecieron convirtiéndose en el ministerio que tenemos actualmente.

Mi papá tenía su propia manera de invertir en mí con sus palabras. Cuando yo jugaba al béisbol de niño, después de haber hecho un gran partido o un «home run», papá siempre sonreía y decía: «Hijo, estoy tan orgulloso de ti que los botones de mi camisa se estallan». Durante años yo no tenía idea de lo que él quería decir con esa frase, pero sé con seguridad que me gustaba que la dijese.

Ahora que soy más mayor, la afirmación de mis padres sigue significando más para mí de lo que soy capaz de expresar. Mi papá una vez me envió una tarjeta para felicitarme por lo que Dios ha hecho mediante nuestro ministerio. En consonancia con su pasión por el béisbol, simplemente escribió: «Ahora estás en las ligas principales, hijo. No podría estar más orgulloso de ti». Sigo llorando cada vez que leo sus palabras.

Sacar la basura

Es obvio que no podemos controlar lo que otros dicen de nosotros, pero podemos controlar lo que nosotros creemos. Ya que las palabras tóxicas pueden destruir nuestra alma, tenemos que guardar apasionadamente nuestro corazón contra ellas. Haga todo lo necesario para mantener el veneno fuera de su corazón. Salomón le dijo a su hijo: «Hijo mío ... escucha atentamente *lo que digo* ... Por sobre todas las cosas cuida tu corazón, porque de él mana la vida» (Proverbios 4.20, 23, énfasis del autor). Con sus palabras que producen vida, un padre protector advirtió a su hijo que guardase su corazón como su fuente de vida. Debemos evitar que otros vacíen su desperdicio tóxico en nuestro suministro de agua.

Dios me ayudó a hacer eso durante un período fundamental en mis primeros años de ministerio. Entre las edades de veintitrés y veintiocho años, serví como pastor asociado en la iglesia First United Methodist, una próspera iglesia en el centro de la ciudad de Oklahoma. Mi pastor, Nick Harris, estaba extraordinariamente dotado y fue un gran mentor para mí. Aunque era muy eficaz, su estilo de liderazgo y filosofía de la iglesia demostraron ser en cierto modo controvertidos dentro de esta denominación tradicional. Algunos líderes de la conferencia United Methodist aceptaron las filosofías del pastor Nick como necesarias y eficaces. Otros líderes sentían que estaba empujando los límites demasiado lejos. Debido a que yo era uno de «los muchachos de Nick», probablemente me situé bajo un poco de escrutinio extra durante el proceso de ordenación.

En aquel entonces, la iglesia metodista me reconoció como lo que ellos denominaban un «pastor local». Aunque yo no estaba ordenado, ellos me bendijeron para que pudiera casar, enterrar, bautizar y servir la comunión bajo el liderazgo del pastor Nick. A mitad de los estudios en el seminario, a los veintiséis años de edad, me senté delante de la junta que ordenaba. El líder de la junta resultó ser un tipo al que no le gustaba el estilo y el liderazgo de Nick, y parece que no me tenía a mí en alta estima.

Al mirar atrás, reconozco que yo tenía algunas aristas que había que limar. Incluso al saber que el líder del grupo que ordenaba no era uno de mis mayores fans, seguí sorprendido cuando él pronunció su veredicto. «Craig», dijo el líder seriamente, «usted no tiene el conjunto de dones normales que tienen la mayoría de los pastores. Después de mucha discusión, no estamos seguros de que sea usted llamado al ministerio a tiempo completo».

Sus dos frases trastornaron por completo mi vida.

Sentí como si me hubieran dado un puñetazo en el estómago y no pudiera respirar. Mi mente se aceleró. ¿Qué va a suceder? ¿Qué pensarán todos? ¿Me equivoqué en el llamado de Dios? ¿Puedo hacer frente a mi iglesia, mi esposa, mis amigos? Unas cuantas palabras de ese comité estaban a punto de redirigir todo lo que yo creía que era correcto, verdadero y agradable a Dios.

Mientras conducía de regreso a casa de esa reunión en mi pequeño Geo Prism, las lágrimas caían por mis mejillas.

Estacioné el auto a un lado y clamé a Dios: «¿Qué está sucediendo? ¡Estaba seguro de que tú me llamaste a servir en el ministerio!».

Yo no soy una persona que lanza enseguida la carta del Dios me habló. Sin duda alguna, sé que Dios habla a personas, pero soy muy cuidadoso de no decir: «Dios me dijo...» casualmente. Pero en ese momento, verdaderamente creo que Dios me habló. No fue una voz audible, pero sí muy clara. Yo quedé trastocado por las palabras del líder del comité, y Dios me ministró con un suave bálsamo: «Tú no eres quien otros dicen que eres. Tú eres quien yo digo que eres, y yo digo que eres llamado a servirme en el ministerio».

El mensaje de Dios me dio la fortaleza que necesitaba para conducir hasta la iglesia y hablar con mi pastor. Después de darle la noticia, vi a Nick mirarme con compasión y sonreír con una sonrisa cómplice. Él me explicó que la junta que ordenaba le había dicho lo mismo a él hacía años. Entonces Nick selló mi fe cuando dijo palabras que me sostendrían durante años futuros: «Cuando Dios te llama, no hay ninguna persona en el mundo que pueda evitar que hagas lo que Dios quiere que hagas».

Eso era lo que yo necesitaba.

Puede que sea rechazado por los hombres (y por Ashley Sanders), pero soy aprobado por Dios.

Sin duda, yo no fui el primero en experimentar esa herida, y no seré el último; pero yo tomé una decisión: rechazar las palabras tóxicas de los hombres y aceptar la afirmación de Dios mediante su Espíritu y mediante mi pastor. Las palabras de verdad me hicieron seguir adelante. En la actualidad hago lo que hago porque palabras de vida me capacitaron para seguir avanzando. (Para que conste, la junta me aprobó un año después para ser ordenado como diácono, un paso por debajo de la plena ordenación como anciano. Después de dejar la denominación, sigo teniendo una gran apreciación por su tradición y su ministerio.)

Cuando alguien le diga algo directamente o hable sobre usted, entrénese para categorizar las palabras del mismo modo en que entrenamos a nuestros hijos con un juego que nuestros amigos nos enseñaron: Verdad o Basura. Analice el mensaje y la fuente antes de tragarse y digerir lo que otra persona quiera darle de comer. ¿Son verdaderas sus palabras? ¿Están basadas en la Escritura? ¿Están apoyadas por datos a lo largo del tiempo? Si es así, acéptelas. Permita que esas palabras dadoras de vida ministren a su alma y le conformen a la imagen de Cristo. Si sus palabras son inciertas, mezquinas y críticas sin ser constructivas, entonces llámelas tal como son: basura tóxica. Rechace esas palabras. No permita que entren en su alma. Saque la basura y déjela en la acera. Elimine las palabras tóxicas e inserte la verdad.

Escoger la vida

No solo deberíamos refrenar cualquier palabra que sea negativa, sino que también deberíamos liberar palabras que sean positivas. Yo intento vivir según la regla: «Si crees que algo es bueno, dilo». Cada vez que piense algo positivo, infúndale vida con sus palabras. Esto es especialmente importante si está usted casado.

Estoy convencido de que esa es una de las razones por las que Amy y yo tenemos un matrimonio fuerte. Siempre que yo creo algo con respecto a ella que pudiera bendecirle, intento decirlo inmediatamente (¡y eso significa que hablo mucho con ella!).

Recientemente tuvimos a un alumno universitario que se quedó con nosotros durante el verano. Amy y yo acordamos que simplemente seríamos nosotros mismos en lugar de intentar fingir.

Por tanto, cuando vi a Amy que llevaba un vestido que me parecía estupendo, yo le dije con todo detalle lo mucho que me gustaba, y lo siguiente fue que teníamos nuestros labios unidos. Mi hija Anna hizo un gesto subiendo sus cejas y miró a nuestro huésped, y dijo con gran entusiasmo: «Créeme cuando te digo que cuando vivas con ellos durante treinta segundos, te acostumbrarás a eso. Sucede todo el tiempo». Nos reímos sin parar por el comentario de Anna sobre nuestro matrimonio; sin embargo, secretamente estoy agradecido de que mi hija sepa que su mamá y su papá se alientan el uno al otro con afecto.

En el momento en que crea que algo es bueno, bendiga a alguien a quien quiere con sus palabras positivas. Con el uso de la tecnología, puede compartir palabras alentadoras durante todo el día. Puede hacer una llamada rápida simplemente para decir: «Estaba pensando en ti». Puede enviar un mensaje de correo electrónico diciendo que extraña a alguien. O puede enviar un cálido mensaje a su esposo (¡A Amy le gusta decir que tenemos un texto estupendo! Solo asegúrese de borrar esos mensajes para no ser nunca avergonzado. Y tenga cuidado de no enviarlos a la persona equivocada por error. Solo lo digo). Cada vez que piense en algo bueno, declárelo. Nunca le robe a alguien las bendiciones de un tesoro no declarado.

Edifíquense los unos a los otros con sus palabras. Nunca podrá usted ofrecer demasiado aliento. Yo le digo a Mandy, mi segunda hija, que estoy loco por ella. Una y otra vez expreso mi amor por ella. Finalmente un día, Mandy dijo: «Papá, siempre me estás diciendo lo loco que estás por mí. Cada día es lo mismo». Por temor a haber sido demasiado repetitivo, le pregunté: «Entonces ¿quieres que deje de decirlo?». Ella respondió apasionadamente: «De ninguna manera, papá. Me encanta cuando me lo dices».

Si usted me muestra una relación que batalla, yo le mostraré una llena de palabras tóxicas. Si usted me muestra cualquier matrimonio que vaya cojeando, yo le mostraré un matrimonio lleno de dardos de palabras que vuelan precipitadamente por el aire. Sus palabras importan. Sus palabras dan vida o quitan vida. Escoja dar vida.

Identificación de estación

A medida que trabaja en proclamar palabras llenas de fe y de aliento a otros, no se olvide de usted mismo. *Diálogo interior* es el término utilizado para describir las palabras que usted se dice a sí mismo o sobre sí mismo y que otros rara vez escuchan. La televisión local y las estaciones de radio solían detener su programación a intervalos para recordar a sus audiencias que ellos eran parte de la misma comunidad, no solo de una gran red o de un programa nacionalmente sindicado. Los emisores querían que usted recordase sus siglas, su identidad. Nosotros debemos recordar con frecuencia nuestras propias siglas, quiénes somos en realidad, y no sucumbir a los mensajes falsos que nos bombardean a diario.

Estoy convencido de que muchas personas están limitando su futuro con un diálogo interior tóxico. Por ejemplo, podría encontrarse pensando cosas como las siguientes: «Estoy agotado. No creo que pueda sobrevivir a esta semana. Mi trabajo me está matando. De todos modos no soy tan bueno. Probablemente fastidiaré las cosas». En ciertos aspectos, el diálogo interior negativo puede convertirse en una profecía que se cumple. Al igual que un deportista tiene más probabilidad de ganar después de haber visualizado ese logro, también tiene más probabilidades de perder después de haber visualizado que falla. Sus palabras, ya sean declaradas externamente o absorbidas internamente, moldean su futuro.

Le aliento a hablar constantemente palabras que dan vida a usted mismo y a sus circunstancias. Jesús dijo: «Les aseguro que si alguno le dice a este monte: "Quítate de ahí y tírate al mar", creyendo, sin abrigar la menor duda de que lo que dice sucederá, lo obtendrá» (Marcos 11.23). Observemos el modo en que Jesús hace hincapié en el poder de lo que decimos, en este caso, a un monte. Un pastor al que conozco solía decir siempre: «No hable sobre su montaña. Háblele a ella».

Cuando David era solo un pastor de ovejas adolescente, utilizó sus palabras para edificar su fe mientras hacía frente al imbatible gigante Goliat. Escuchemos las palabras de fe que David se decía a sí mismo y al gigante: «Tú vienes contra mí con espada, lanza y jabalina, pero yo vengo a ti en el nombre del Señor Todopoderoso, el Dios de los ejércitos de Israel, a los que has desafiado. Hoy mismo el Señor te entregará en mis manos; y yo te mataré y te cortaré la cabeza» (1 Samuel 17.45–46). Si usted se está enfrentando a un gigante en su vida, háblele. Diga a su oposición: «Tú no eres mayor que mi Dios. Con la ayuda de Dios, te derrotaré».

Para ser claros, no estoy enseñando lo que se conoce en los círculos eclesiales como doctrina de «la palabra de fe». Algunos creen que usted tendrá cualquier cosa que diga. Según mi opinión, esa es una creencia falsa y peligrosa. No estoy diciendo que nuestras palabras tengan más poder que el plan de Dios. Sin ninguna sombra de duda, Dios es un Dios soberano, que todo lo sabe, todo lo puede y siempre está presente. Él hace lo que quiere hacer. Sencillamente póngase de acuerdo con lo que Dios dice. Al igual que ponemos en consonancia nuestros pensamientos con sus pensamientos, así deberíamos poner en consonancia nuestras palabras con su verdad.

Cien razones para vivir

Hace años me reuní con un hombre de nuestra iglesia al que llamaré Scott. Varios minutos después de comenzar nuestra conversación, yo podía decir que él batallaba con una profunda y peligrosa depresión. Para intentar discernir la gravedad de su depresión, le pregunté suavemente si alguna vez había pensado en quitarse la vida. No me sorprendió cuando él me dijo que lo pensaba todo el tiempo.

Durante los siguientes veinte minutos aproximadamente, me dijo todas las razones por las que no tenía nada por lo cual vivir. El diálogo interior tóxico discurría como aguas residuales en una presa rota. «No soy bueno en nada. Nadie me quiere. Nunca me casaré. Soy un fracaso total». Y seguía lamentándose.

Al ser un pastor joven, yo no estaba seguro de qué hacer, así que oré rápidamente en mi mente pidiendo a Dios sabiduría y dirección. Creo que Dios me impulsó a hacer algo que nunca había hecho antes ni tampoco he hecho desde entonces. Agarré un cuaderno y le dije a Scott: «Va a darme cien razones que usted tiene para vivir».

El se me quedó mirando con la mirada en blanco mientras yo escribía números, haciendo rápidamente una lista de cien puntos para las cien razones para vivir de Scott. Entonces le pregunté: «¿Cuál es la primera razón?».

Scott reiteró su postura desesperanzada. «Ya se lo dije; no tengo ninguna razón para vivir».

Yo no me rendí, y le presioné: «Dígame algo en lo que es bueno. Cualquier cosa. Dígame una sola cosa».

Scott cedió y dijo sin emoción: «Bien, soy un escritor bastante bueno». Y lo era. Scott escribía boletines para su empresa e incuestionablemente tenía talento para escribir. «Ahí lo tiene», dije yo con tanta confianza como pude. «Número uno: es un buen escritor».

«Deme la número dos», continué.

Scott dudó otra vez. «Se lo dije», comenzó cuando yo le interrumpí.

«¿La número dos?», pregunté sin aceptar un no por respuesta.

«Soy divertido», dijo Scott sin mostrar una sonrisa. «La gente me dice que soy divertido». Y él era un tipo divertido, con un sentido del humor seriamente seco e ingenioso. Así que yo escribí eso y dije en voz alta para dar efecto: «Número dos. Usted es un hombre divertido. ¿Número tres?», pregunté a continuación.

«Me parezco mucho a Robert Redford», dijo Scott, tan serio como podía estar.

Ahora bien, no quiero minar todo lo que he escrito en este capítulo al decir algo negativo, ¡pero no se parecía a Robert Redford! Así que simplemente escribí, mientras lo leía lentamente: «Usted... es... *muy*... divertido».

Finalmente él mostró un indicio de sonrisa. Un pequeño avance.

«Número cuatro», dije yo intentando que el balón siguiera rodando.

Poco después, Scott comenzó a meterse en el ejercicio. Evidentemente, sí tenía muchas razones para vivir de las que no era consciente momentos antes. Unos minutos después yo estaba rellenando los espacios tan rápidamente como podía escribir. Cuando Scott pudo dejar a un lado su diálogo interior negativo, en realidad sí vio muchas características positivas acerca de él mismo. Tenía una hermana que le admiraba. Tenía un pequeño grupo de personas por las que él oraba diariamente. Servía la cena del día de Acción de Gracias cada año a los sin techo. Apadrinaba a un niño mediante Compassion International en Chile. Una a una, recorrimos cien razones específicas y diferentes por las que Scott debía vivir.

Al final del tiempo que pasamos juntos, Scott parecía genuinamente tocado. Yo le recomendé un consejero experimentado al que él acordó visitar. Entonces oré por él y le entregué su lista de razones para vivir. Varios meses después, Scott se mudó a otra ciudad y yo le perdí la pista.

Podrá imaginarse lo asombrado que yo me quedé unos doce años después al verle acercarse a mí luego de la reunión de la iglesia para presentarme a su esposa y a su hijo. Intentó darme las gracias por el tiempo que pasamos juntos, pero no podía pronunciar sus palabras debido a las lágrimas. Nunca olvidaré el momento en que metió la mano en su bolsillo, sacó su cartera y me enseñó una hoja de papel muy desgastada con cien razones por las que él debía vivir. La llevó con él durante todos esos años como recordatorio. Me entregó esa hoja y me dijo: «Ya no necesito esto. Dios ha escrito en mi corazón cientos de otras razones».

Hable a su montaña

Cuando se vea tentado a decir: «Tengo demasiado que hacer», deténgase y sustitúyalo por verdad. «Estoy equipado y dotado por Dios, preparado para hacer todo lo que Dios quiera que yo haga». Cuando sienta que usted es promedio o peor, llámelo tal como es: basura. Dígase a usted mismo: «Yo soy obra de Dios, creado en Cristo Jesús para hacer buenas obras, las cuales Dios preparó de antemano para que yo las hiciera». Si se siente demasiado mal para que Dios le use, recuérdese a usted mismo la verdad.

«Soy una nueva creación en Cristo».

«Lo viejo ha pasado».

«Lo nuevo ha llegado».

Cuando sienta que siempre va a ser desgraciado, hable a esa montaña. «Tengo todo lo que necesito. Dios es mi fuente de gozo y de vida». Cuando sienta que se está enfrentando a un gigante demasiado grande de vencer, levante su vista y dígale: «Tengo toda la fe que necesito para esto. ¿Quién eres tú para enfrentarte a mi Dios? Hoy, mi Dios me dará la victoria».

Usted tiene el poder de crear vida por medio de sus palabras. También tiene la capacidad de quitar vida utilizando el poder del lenguaje letal. Usted tiene el poder para derribar gigantes y el poder para estar firme delante de ellos. Usted tiene el poder para mover montañas y el poder para maldecirlas por interponerse en su camino. La decisión es suya.

Todo es cuestión de lo que usted diga y cómo lo diga.

4

Desechos peligrosos

Destapar nuestros pecados ocultos

El pecado no es dañino porque esté prohibido,
sino que está prohibido porque es dañino.
—Benjamin Franklin

¿Le han agarrado alguna vez en una mentira? Si dijo que no, ¡supongo que le acaban de agarrar otra vez! Yo soy tan culpable como cualquiera. De hecho, recientemente llevé el significado de *atrapado* a un nivel totalmente nuevo. Ya que Amy y yo tenemos seis hijos, muchas personas inevitablemente piensan que estamos un poco locos. Para ellos, tener deliberadamente tantos hijos es inconcebible (perdón por el juego de palabras).

Por eso, cuando dicen cosas como: «¡Seis hijos! ¿No saben lo que causa eso?», me encanta divertirme un poco. Yo digo: «De hecho, *sí* sabemos lo que causa eso, ¡y no estamos dispuestos a renunciar a ello!». Amy ha oído mi truco tantas veces ya que normalmente se aleja. Ella sabe que yo con frecuencia paso a quejarme de que ella no puede quitarme las manos de encima, porque piensa solamente en una cosa. Las personas levantan las cejas (y probablemente hacen una oración por mi pobre esposa), pero eso no evita que yo me divierta.

Bromear sobre nuestro «equipo de baloncesto con un suplente» es uno de mis temas favoritos para romper el hielo cuando estoy hablando en un nuevo escenario. Antes de una gran conferencia de liderazgo este año en Atlanta, Amy me hizo prometer que no contaría mis bromas sobre que ella no puede quitarme las manos de encima. A regañadientes estuve de acuerdo, y tenía toda *la intención* de cumplir mi palabra. Unos diez minutos después de comenzar mi charla, sin embargo, mencioné de manera informal que tenía seis hijos. Antes de darme cuenta, seguí toda la rutina, incluyendo la frase: «Le ruego a mi esposa que solo nos acurruquemos, pero ella me sigue empujando hasta que yo cedo». Sinceramente, fue bastante divertido; pero romper la promesa que le hice a Amy no lo fue.

Para empeorar más las cosas, cuando hablé por teléfono con ella después, me preguntó si había hecho alguna broma sobre nuestro matrimonio. No estoy orgulloso de lo que estoy a punto de decir, y esa es la verdad. Decidí jugar y mentir a mi esposa después de haber roto ya la promesa que le había hecho. «No, no creo que mencionase nada acerca de ti, cariño», le dije yo aguantando la respiración y orando para que ella no lo descubriera. Entonces ella preguntó: «¿Y por qué vi todos esos tweets de personas en la conferencia hablando de que te quiero todo el tiempo?».

Como dije, *realmente* atrapado.

Situación pegajosa

Mi fracaso con Amy no fue el primero, y me temo que no será el último. Desgraciadamente, debido a nuestra naturaleza caída, todos finalmente cedemos a la tentación y escogemos nuestro propio camino en lugar del camino de Dios. Normalmente, nuestro pecado se convierte en una bola de nieve que llega a una avalancha de engaño. Al igual que Adán y Eva en el huerto, nuestra primera respuesta después de pecar es normalmente encubrirlo. Cuando las primeras personas en la tierra desobedecieron la única regla de Dios —evitar el fruto del árbol del conocimiento del bien y del mal—, no acudieron inmediatamente a Dios y se disculparon. En cambio, hicieron lo mismo que hice yo cuando Amy me hizo su pregunta. Mintieron e intentaron encubrir su desobediencia.

Fieles a nuestra naturaleza caída, la mayoría de nosotros ampliamos nuestro fracaso al intentar encubrir nuestros pecados. Cuando hacemos algo equivocado y dañino, esperamos enterrar nuestras acciones tóxicas para que nadie se entere. Nos aferramos a la falsa esperanza de que si otros no saben lo que hicimos, no será tan malo. Si realmente estamos en negación, a veces intentamos fingir que nuestro error no se produjo de ningún modo. Es como echar sirope de maple en el tanque de gasolina de un auto, y después ocultar la botella vacía para que nadie lo descubra. Su pegajoso pecado daña el tanque de gasolina del auto y su capacidad de operar, ya sea que otros lo sepan o no.

Adán y Eva comenzaron una reacción en cadena que alcanza a las decisiones que usted y yo tomamos en la actualidad. Y claramente ellos no son los únicos usurpadores mencionados en la Biblia. Solamente tenemos que mirar a la siguiente generación, sus hijos, para ver otro encubrimiento colosal del pecado. Cuando

Dios aceptó la ofrenda de Abel pero no la de Caín, el segundo hermano se puso celoso del primero. En un arrebato de furia, Caín mató a su hermano Abel.

Después del asesinato, Caín intentó ocultar su pecado a su Padre que todo lo sabe. Observemos la conversación entre Dios y Caín. «El Señor le preguntó a Caín: —¿Dónde está tu hermano Abel?

—No lo sé —respondió—. ¿Acaso soy yo el que debe cuidar a mi hermano?» (Génesis 4.9). ¿No ve la manera en que se desvió su mirada? ¿O no puede oír la vacilación en su voz? «Mm, ¿qué quieres decir, Dios? No sé de lo que estás hablando. No tengo idea de dónde está. ¿Por qué me preguntas a mí; es que parezco el que cuida de Abel?».

Alguien peca; lo encubre; lo niega. El patrón continúa. Puede que recuerde la historia en Génesis acerca de José y la túnica de muchos colores. Cuando los hermanos de José se pusieron celosos de él, le arrebataron su túnica favorita y le lanzaron al fondo de un pozo. Pensaron en matarle, pero en cambio decidieron venderlo como esclavo.

Al igual que muchos otros, los hermanos tramaron un plan para encubrir sus huellas. Llegaron hasta el extremo para configurar una historia plausible e inventar evidencia que apoyase su engaño. «En seguida los hermanos tomaron la túnica especial de José, degollaron un cabrito, y con la sangre empaparon la túnica. Luego la mandaron a su padre con el siguiente mensaje: "Encontramos esto. Fíjate bien si es o no la túnica de tu hijo"» (Génesis 37.31–32). En otras palabras: «Oye, papá, creemos que José se ha ido, pero nosotros no lo hicimos». Observemos aquí que ellos ni siquiera se refieren a José como su hermano, sino como el hijo de su padre. Estaban trabajando duro para distanciarse de su responsabilidad.

Dejar de ocultar, comenzar a buscar

Ocultar su pecado podría hacer que la vida fuese más fácil a corto plazo, pero siempre empeora con el tiempo. Proverbios 28.13 lo resume de este modo: «Quien encubre su pecado jamás prospera; quien lo confiesa y lo deja, halla perdón». Quienes encubren sus pecados no pueden recibir las bendiciones de Dios. Quienes los confiesan encuentran misericordia y perdón.

En su deseo de limpiar su alma, ahora está usted en una encrucijada. Hasta aquí hemos hablado de afrontar la verdad y vencer la tentación de engañarse a uno mismo. Hemos examinado los peligros de los pensamientos y las palabras tóxicas, y cómo vencerlos a ambos. A medida que progrese más, veremos en profundidad las emociones tóxicas y cómo transformarlas. Concluiremos nuestro plan de recuperación del alma examinando cualquier cosa que pudiera envenenar nuestra relación con Dios y desarrollando una estrategia preventiva para una salud continuada.

Si usted es serio en cuanto a querer desintoxicar su alma, y experimentar un poder limpio y nuevo en su fe cristiana, entonces ahora es un buen momento para reflexionar sobre dónde está usted con Dios, para examinar su conducta con una sinceridad brutal. ¿Qué ha estado ocultando, quizá incluso de usted mismo, que necesite afrontar y llevar delante de su Padre?

¿Tiene usted una adicción secreta? ¿Batalla con la pornografía, la masturbación o la fantasía? ¿Come en exceso y después lo encubre? ¿Se está haciendo cortes, dañándose a usted mismo, y después cubriendo las cicatrices? ¿Se dedica a hurtar, gastar o jugarse sus recursos para aliviar el dolor de su vida? Quizá sea la incoherencia entre sus intenciones y sus acciones. ¿Está deshonrando a Dios con sus amigos la noche del sábado y después va a la iglesia el domingo como si nada hubiera sucedido? ¿Llega demasiado lejos con su novio o con su novia? ¿Le está robando a su jefe? ¿Miente sobre sus sentimientos a alguna persona a la que quiere? ¿Idolatra el éxito o las posesiones materiales? ¿Murmura acerca de sus amigos para hacer que usted parezca mejor?

Permítame que sea claro. Usted tiene una decisión trascendental que tomar. ¿Podría ser que Dios haya puesto este libro en sus manos para llevarle a lo correcto? ¿Es momento de salir del escondite y obtener ayuda para un pecado que usted ha estado encubriendo? ¿Qué será? ¿Seguir escondiéndose y ocultando su pecado, esperando que nadie le descubra nunca? Ese es el camino fácil, al menos a corto plazo. ¿O recorrerá el camino más difícil, el camino estrecho que conduce a la vida, y confesará su pecado delante de Dios? Si el deseo de su corazón es comenzar de nuevo, necesitará confesar lo que haya manchado su alma.

Si decide seguir encubriendo, su pecado puede que le lleve más lejos de donde usted quería ir y le cueste más de lo que nunca pensó que pagaría. Si está dispuesto a buscar la misericordia de Dios y afrontar las consecuencias ante las personas afectadas por su pecado, experimentará un gozo más liberador del que nunca pensó que fuese imaginable. Es momento de dejar de ocultarse y comenzar a buscar.

Arrebatado de los titulares

En nuestro patrón de pecado, encubrimiento y negación, hay un cuarto elemento. De hecho, podríamos llamarlo el resultado inevitable de esos tres ingredientes mortales: la revelación. Nuestros secretos siempre salen a la luz de un modo u otro. Es solo cuestión de tiempo antes de que el manto del engaño que hemos entretejido con nuestras mentiras quede despedazado, dejando la verdad al desnudo para que todos la vean.

Y no importa quién sea usted, lo poderoso que pueda ser o cuánto dinero tenga para empapelar su pecado. En una historia que suena como si perteneciera a un tabloide de chismorreo sobre celebridades más que a la Biblia, encontramos una de las conspiraciones más enrevesadas de todos los tiempos. Pensemos en algunos de los posibles titulares: «¡Escándalo en la realeza con una belleza que se baña! ¡La amante casada del rey embarazada! ¡Soldado asesinado para que el rey pueda casarse con la viuda!».

El rey David fue descrito como «un hombre conforme al corazón de Dios» (véase 1 Samuel 13.14). Aunque él amaba apasionadamente a su Padre celestial, al igual que nosotros, David no era inmune a la tentación. Una única mirada encendió un barril de pólvora de adulterio, asesinato y conspiración que explotó en todas las áreas de la vida de este rey:

> En la primavera, que era la época en que los reyes salían de campaña, David mandó a Joab con la guardia real y todo el ejército de Israel para que aniquilara a los amonitas y sitiara la ciudad de Rabá. Pero David se quedó en Jerusalén. Una tarde, al levantarse David de la cama, comenzó a pasearse por la azotea del palacio, y desde allí vio a una mujer que se estaba bañando. La mujer era sumamente hermosa, por lo que David mandó que averiguaran quién era, y le informaron: «Se trata de Betsabé, que es hija de Elián y esposa de Urías el hitita». Entonces David ordenó que la llevaran a su presencia, y cuando Betsabé llegó, él se acostó con ella. Después de eso, ella volvió a su casa. Hacía poco que Betsabé se había purificado de su menstruación, así que quedó embarazada y se lo hizo saber a David.
>
> —2 Samuel 11.1–5

En el comienzo de la historia, observará que era primavera, una época en que los reyes tradicionalmente iban al frente de la batalla si su nación estaba en guerra, pero el rey David se quedó en Jerusalén. Se podría decir que David no estaba donde debía estar, por eso vio algo que no debía ver, y entonces hizo algo que no debía hacer, y eso le costó más de lo que él nunca planeó pagar. Estar en el lugar equivocado nunca le ayuda a hacer lo correcto.

David descubrió esta verdad en la carne, literalmente, cuando «comenzó a pasearse por la azotea del palacio, y desde allí vio a una mujer que se estaba bañando». Suena lo bastante inocente, pero el lenguaje original nos aporta más perspectiva. La palabra traducida como «vio» es mucho más gráfica de lo que capta nuestra traducción en español. Proviene de la palabra hebrea *ra'ah* y significa «mirar fijamente, mirar con atención o mirar con intención». Una variación de esta palabra se refiere a un ave de presa, como un buitre, que tiene una visión increíble con la cual detectar y abordar a una criatura desafortunada. En otras palabras, David no solamente la vio; la estaba examinando y le gustaba lo que veía.

Nuestro heroico pero demasiado humano rey sucumbió a lo que la Biblia llama «los deseos de la carne» o «los deseos de la naturaleza de pecado» (véase 1 Juan 2.16 y Gálatas 5.16). El enemigo de nuestra alma nos tienta con diferentes tipos de pecado para apartarnos de Dios y destruir nuestra vida. Los deseos de la carne son algunos de los más difíciles de vencer para muchas personas. Parece que los deseos del cuerpo abruman la lógica del cerebro y erosionan el poder de la voluntad.

Quizá la batalla en el interior de David siguió un curso parecido al siguiente: «Sé que esto no es una buena idea. No debería hacer esto. No debería seguir mirándola. No hay manera en que esto termine bien». Pero los deseos de su cuerpo cerraron su cerebro y estamparon la palabra DENEGADO en la solicitud de su fuerza de voluntad. «Dejemos la lógica fuera de esto. Ella se ve increíble. La quiero. ¡Yo soy el rey! Y voy a conseguirla».

Para muchos, la lujuria abruma la mente y toma prisionero el cuerpo. Algunas personas batallan de manera parecida cuando se trata de comer. La mente dice no, pero el cuerpo dice sí. Para otros puede ser el alcohol, las drogas o los cigarrillos. Lógicamente, sabemos que fumar o beber no es bueno para nosotros, pero el cuerpo decide obtener lo que quiere.

El Hombre Araña no tan increíble

Quizá Sir Walter Scott, el poeta y novelista escocés, tuviera a David en mente cuando escribió: «Oh, qué tela de araña tan enredada tejemos, /¡Cuando por primera vez practicamos el engaño!». Porque cuando David descubrió que Betsabé iba a tener a su bebé, inmediatamente comenzó a tejer una tela de araña que haría avergonzarse al mismo Hombre Araña. Y cuando un plan no cuajó, David se dirigió hacia otra dirección y lo intentó de nuevo.

Plan A: Hacer regresar de la guerra a Urías, el esposo de Betsabé. Al pasar la noche en su casa con su esposa, seguramente compartirían un poco de vino, escucharían una canción de Luther Vandross, y nueve meses después, Urías supondría que el bebé era de él.

Desgraciadamente para David, cuando Urías regresó a casa se negó a deshonrar a sus tropas al disfrutar de su esposa, y en cambio durmió fuera del palacio (véase 2 Samuel 11.6-11).

Plan B: Emborrachar a Urías y observar caer su noble valor. Suena a plan lógico, pero una vez más, aunque acabó agarrándose de las paredes, Urías durmió fuera de su casa para honrar a Dios y a sus hombres (véase 2 Samuel 11.12-13).

Plan C: Enviar a Urías de nuevo a la guerra, ponerle en el frente de batalla, y orar para que resulte muerto en batalla (véase 2 Samuel 11.14–15).

Finalmente, un plan que funcionó. Urías, un hombre de gran honor que no hizo nada equivocado, resultó muerto en batalla. Muchas veces, somos tentados a tomar medidas similares, que no conducen al asesinato, espero, pero no menos conspiradoras y erróneas, para ocultar nuestros pecados a quienes nos rodean. No queremos arriesgarnos a perder nuestra reputación, estatus, posesiones materiales u otras relaciones debido a lo que hemos hecho. Así que comenzamos a tejer pegajosas telas de araña.

Plan A: Usted borra el historial en su iPhone, iPad o computadora, esperando que nadie descubra las páginas que ha visitado. U oculta la botella para que nadie sepa qué pastillas se tomó o qué bebidas se bebió. Usted entierra los envoltorios, paquetes o botes de todos los caramelos, patatas fritas y helado que se devoró.

Plan B: Si le agarran, miente. Desvía. Inventa una loca historia que implica a «una amiga» que es adicta a cualquier cosa que indicase la evidencia. Usted intenta realmente ayudar a esa amiga, pero es muy difícil porque esa persona sufre mucho y niega su problema. Oh, eso no es algo que usted haría nunca, es su amiga. Usted es inocente mientras no cambie su historia.

Plan C: Si el plan B no funciona, hace el papel de víctima. Culpa a la otra persona, o a su cónyuge, o a sus hijos, o a sus padres, o a su pastor, o a su congresista. Grita. Le dice a la persona que si hubiera estado haciendo lo que debía hacer, entonces usted no habría hecho lo que hizo. En cualquier cosa que haga, no asume la responsabilidad de sus propios pecados.

A pesar de lo mucho que lo intente, no se está ocultando de Dios. Jesús dijo: «No hay nada escondido que no llegue a

descubrirse, ni nada oculto que no llegue a conocerse pública-
mente» (Lucas 8.17). A pesar de lo muy inteligentes que creamos
que somos para escondernos, Dios ve nuestros juegos. Si la advertencia anterior no es lo suficientemente aleccionadora, pensemos
en esta promesa: «Y pueden estar seguros de que no escaparán
de su pecado» (Números 32.23). Ya sea hoy, mañana, la próxima
semana, el próximo mes, el próximo año, la próxima década o la
vida por venir, su pecado *saldrá* a la luz. Usted no puede ocultarse
para siempre.

¿No es momento de aceptar sus errores?

La hora de la verdad

Sabemos por la Escritura que Dios disciplina a quienes ama (véase Proverbios 3.12). Él sabía que el pecado no confesado que se
albergaba en el alma de David necesitaba ser liberado y limpiado.
Por tanto, Dios en su misericordia envió al profeta Natán para
confrontar, corregir y ayudar a David a que hiciera lo correcto.

Aquí está mi versión de su conversación (de 2 Samuel 12.5–6):

Natán dijo: «David, quiero contarte una historia. Había una
vez dos hombres. Uno era inmensamente rico y tenía más cor-
deros de los que podía contar. El otro era inmensamente pobre
y tenía solamente un cordero. El hombre pobre crio al cordero y
lo trató como a una mascota. Un día llegó un mendigo pidiendo
comida. El hombre rico agarró el cordero del pobre y lo mató para
dárselo al mendigo».

David gritó: «Tan cierto como el Señor vive, ¡el hombre que
hizo eso debe morir! Debe pagar por ese cordero por cuadrupl-
icado, porque hizo tal cosa y no tuvo misericordia alguna».

El poderoso rey no tenía idea de que había sido atrapado. Natán
le miró directamente a los ojos y dijo: «¡*Tú* eres ese hombre!».

¿Quién quiere saber?

Quizá en su misericordia, Dios le mostrará a usted, al igual que Natán le mostró a David, que «¡usted es ese hombre!» o «¡usted es esa mujer!». Usted ha estado ocultando una conducta tóxica, y es momento de enmendar las cosas. A fin de enmendar las cosas, necesita considerar dos tipos de confesión. Las dos son integrales por diferentes razones. Debemos confesar a Dios, y entonces debemos confesar ante otras personas.

Comencemos con la confesión a Dios. Confesamos a Dios porque necesitamos su perdón. Y la increíble historia de su gracia por medio de Cristo es que no hay pecado que sea demasiado oscuro para la luz de Él. No hay pecado demasiado grande para su gracia. No hay pecado que usted haya cometido y que Dios no le perdone cuando usted lo confiese a Él y se aparte de su pecado.

La Biblia dice: «Si confesamos nuestros pecados, Dios, que es fiel y justo, nos los perdonará y nos limpiará de toda maldad» (1 Juan 1.9).

Arrepentimiento es la palabra utilizada en la Biblia para la confesión sincera. *Re* significa «darse la vuelta»; *pen* significa «lo que es más elevado», como un ático. Cuando alguien se arrepiente, se da la vuelta hacia el modo de vivir más elevado de Dios en lugar de los caminos más bajos de pecado.

Es importante observar que existe una vasta diferencia entre arrepentimiento y remordimiento. Con frecuencia, si alguien es agarrado, siente remordimiento: «Me gustaría que no me hubieran agarrado». Arrepentimiento es algo más que la tristeza por haber sido agarrado. Es una profunda tristeza por haber escogido nuestro propio camino en lugar del camino de Dios. Es hacerse dueño del modo en que usted ha herido a otros con su propio egoísmo.

Cuando Natán confrontó a David, el rey finalmente hizo lo correcto. Más que solo lamentar haber sido agarrado, se arrepintió ante Dios por su pecado. Vimos brevemente una parte del salmo 51 antes. Algunas personas no se dan cuenta de que David escribió este salmo después de reconocer su pecado con Betsabé. Considere la profundidad de emoción que sale de su corazón a medida que lee estas palabras: «Ten compasión de mí, oh Dios, conforme a tu gran amor; conforme a tu inmensa bondad, borra mis transgresiones. Lávame de toda mi maldad y límpiame de mi pecado ... Crea en mí, oh Dios, un corazón limpio, y renueva la firmeza de mi espíritu. No me alejes de tu presencia ni me quites tu santo Espíritu. Devuélveme la alegría de tu salvación; que un espíritu obediente me sostenga» (Salmos 51.1–2, 10–12).

¿Puede oír el clamor de su corazón? Usted podría hacer una oración parecida en un espíritu de arrepentimiento. Sé que yo la he hecho varias veces. «¡Ten misericordia de mí! No me merezco tu perdón y sé que no puedo ganármelo, pero te pido humildemente que perdones mis pecados. Limpia toda mi suciedad y culpabilidad. Mi corazón ha sido muy impuro. Por favor, Dios, renueva mi corazón otra vez. Dame un espíritu dispuesto a hacer lo que a ti te agrada y a no ceder a mi carne. Ayúdame a enamorarme de ti como cuando te conocí por primera vez».

Quizá ahora sea el momento de hacer esa oración a Dios.

Si lo hace, entonces también debe saber que Dios dice que usted es perdonado. Él no se acuerda de sus pecados (Isaías 43.25); Él los lanza al mar del olvido (Miqueas 7.19); Él no los recuerda más. Están tan alejados de usted como está el oriente del occidente (Salmos 103.12). Oiga la voz de Dios resonar en lo profundo de su espíritu.

Es usted perdonado.

La otra mitad de la confesión

Permita que le advierta. Confesar ante Dios es la parte más fácil de la doble confesión que le limpia de los residuos tóxicos del pecado. Dios de todos modos ya conoce su pecado, así que bien podría usted hablar con Él al respecto. Sin embargo, otras personas no lo saben a menos que usted se lo diga o lo descubran por sí mismas.

Este segundo aspecto de la confesión necesita más valentía. No solo deberíamos confesar delante de Dios, sino que también tenemos que confesar delante de las personas. El propósito de confesar ante las personas es muy distinto al motivo de confesar ante Dios. Confesamos nuestros pecados ante Dios para pedir perdón, pero confesamos nuestros pecados ante las personas para obtener sanidad. Santiago lo dice claramente: «Por eso, confiésense *unos a otros* sus pecados, y oren unos por otros, *para que sean sanados*» (5.16, énfasis del autor). Cuando confesamos y oramos unos por otros, encontramos sanidad de Dios por medio de su pueblo.

Ahora bien, no tenemos que confesar todo a todo el mundo, y debería usted tener discernimiento con respecto a quién necesita verdaderamente saberlo. Pero no se oculte tras la mentira de que está «protegiendo a otros» al retenerles su confesión. Ore por quien ha sido afectado por su pecado. Pida a Dios que le muestre quién puede ayudarle con su sanidad, un amigo o mentor lleno de fe, o un creyente o pastor más maduro.

Siempre que alguien me confiesa: «Estoy a punto de decirle algo que no le he dicho a nadie», sé que esa persona está a punto de hacer un avance. Él o ella puede que hayan confesado ante Dios incontables veces un problema, pecado o necesidad, pero cuando esa persona lo confiesa ante otra persona, algo distinto comienza a suceder.

Podría estar tentado a pensar: «Yo puedo confesar mi pecado a Dios; eso es lo único que necesito hacer». Si su objetivo es solamente el perdón, entonces tiene razón. Pero si le gustaría obtener fortaleza y aliento para sobreponerse a volver a caer en esa misma trampa de pecado, recuerde que a nuestro amoroso Dios le encanta trabajar por medio de su pueblo. Como di a entender anteriormente, si está usted atrapado en un pecado habitual, es probable que necesite la ayuda de Dios por medio de su pueblo.

Totalmente limpio

Hace varios años en nuestra iglesia, fui testigo de estos principios practicados de una manera transformadora. Yo acababa de enseñar un mensaje similar a nuestra iglesia acerca del poder de quitarnos nuestras máscaras y dejar al descubierto nuestros pecados delante de Dios y de otras personas. Aquel domingo en la noche, un hombre soltero confesó abiertamente ante los hombres y las mujeres en su grupo pequeño que había estado orando por un problema durante años, pero nunca se lo había dicho a ninguna otra persona. Reprimiendo las lágrimas, admitió humildemente que batallaba con una adicción a la pornografía.

Aquella noche, una joven a la que llamaré Marla estaba participando en el grupo por primera vez. Ella era una cristiana nueva y estaba muy nerviosa por ser parte de un grupo de estudio bíblico. Ella me dijo después que en el momento en que el hombre confesó su pecado, ella apenas podía recuperar el aliento. Estaba segura de que el grupo le daría la espalda.

Lo que sucedió a continuación ayudó a Marla a tomar una decisión fundamental que cambió la dirección de su vida. Después de que el hombre confesara su problema con la lujuria, en lugar de menospreciarle, todos en el grupo le abrazaron. Otro hombre habló abiertamente sobre sus luchas en el pasado con la pornografía. Entonces, una mujer del grupo compartió que la pornografía también la había tenido atenazada durante un período de su vida. Explicó el modo en que Cristo y sus amigas le habían ayudado a vencerla. Cada persona alentó a ese hombre a su propia manera, y después todos unieron sus manos y oraron apasionadamente por su hermano en Cristo.

Al ver de primera mano el amor incondicional y la aceptación, Marla se decidió a correr un riesgo. Temblando de emoción, ella explicó a su nueva familia espiritual que se había quedado embarazada en la secundaria y que el padre del bebé la había abandonado, dejándola a ella sola para que criara a su hijo. Al batallar para poder llegar a fin de mes, había aceptado un empleo como bailarina exótica. Ella menospreciaba su trabajo y sabía que no estaba bien, pero el salario era bueno y pagaba las facturas. Lo habría dado todo para dejar su degradante trabajo, pero se sentía atrapada y sin manera de poder salir.

Fue entonces cuando una reacción en cadena de milagros comenzó a revelarse. Al igual que cuando el hombre confesó su pecado, el grupo expresó a Marla el mismo amor y aceptación. Uno de los miembros del grupo le dijo audazmente: «Si dejas tu trabajo, yo te daré dinero para ayudarte a pagar las facturas». Como la escena final de la película *Qué bello es vivir*, cuando todos dan dinero a George Bailey para ayudarle en su momento de necesidad, todos en el grupo comenzaron a prometer darle ayuda económica. Minutos después, el pequeño grupo se comprometió a dar suficiente dinero para sostenerla un par de meses.

Marla no podía creer lo que estaba sucediendo. Era como si Dios mismo se acercara y le abrazara por medio de su pueblo. Al día siguiente, la valiente seguidora de Cristo se dirigió hacia el club donde trabajaba y le dijo al gerente que se despedía y que nunca regresaría.

El martes, uno de los miembros del grupo habló con un amigo que le debía un favor y consiguió una entrevista para Marla en su empresa. Marla le cayó bien al gerente, y el miércoles, a causa de la bondad de Dios por medio de sus hijos, Marla comenzó un nuevo empleo y una nueva vida.

Marla podría haber confesado su pecado ante Dios y haber sido perdonada; pero cuando lo confesó ante el pueblo de Dios, encontró sanidad. Ahora ella ayuda a otras muchachas a encontrar la misma libertad que ella conoce. Armada con el Espíritu de Dios y la fortaleza de su familia, Marla lanzó un ministerio para ayudar a otras muchachas a escapar de la industria del striptease.

Si usted ha estado viviendo una mentira tóxica, ocultando pecados de los demás, es momento de que baje la guardia e invite a otros a ayudar. Confiese ante Dios. Él envió a Jesús a morir por sus pecados, y quiere perdonarle. Pero no se detenga ahí; dé el paso siguiente y confiese ante el pueblo de Dios. Hágalo. Experimente el poder sanador del amor por medio del pueblo de Dios. En lugar de hundirse en las arenas movedizas del pecado, puede usted nadar en las aguas limpias del perdón y el amor limpiador de Dios.

Parte II

Emociones tóxicas

5

Raíces amargas

Desarraigar la destructiva
fuente del resentimiento

La amargura es como un cáncer.
Carcome a quien la alberga.
—Maya Angelou

Una de las cosas que me encanta de tener seis hijos es ver cómo se apoyan los unos a los otros. Aunque están más que dispuestos a pelearse por quién se queda con el último gofre de arándanos, en el entrenamiento de fútbol o sí, incluso en la iglesia, ellos defienden el apellido Groeschel con una ferocidad propia de *Braveheart*. Cuando era pequeño, yo era igual con mi hermana. Aunque podía acosarla solo por diversión, si otra persona la molestaba, yo le defendía hasta la muerte.

No es sorprendente entonces que mi mayor lucha con la amargura comenzase cuando mi familia descubrió la horrible verdad acerca de alguien en quien habíamos confiado y que tenía una posición de autoridad por encima de mi hermana pequeña. He escrito anteriormente acerca de este hombre tan enfermo, a quien llamaré Max, pero el recuerdo de lo que él hizo sigue persiguiéndome. La mayoría de los muchachos en la escuela secundaria de nuestra pequeña ciudad tomaban al menos una clase con Max en su viaje por el sexto grado. Para muchos niños, Max era uno de los maestros favoritos: siempre hacía payasadas, contaba bromas, y ponía fácilmente buenas calificaciones. Para mí, se convirtió en el objeto de la amargura más profunda que haya conocido jamás.

A lo largo de los años, Max desarrolló relaciones especiales con sus alumnos favoritos. Aunque ninguno de nosotros éramos conscientes en aquel momento, descubrimos años después que todos sus alumnos favoritos «resultaban» ser muchachas bonitas. Mi hermanita, a quien yo atesoraba y amaba, se convirtió en una de las víctimas de Max.

El día en que descubrí que Max había abusado de mi hermana pequeña sigue siendo uno de los momentos más molestos y surrealistas de toda mi vida. Al principio, yo no quería creerlo. No podía ser cierto. Max no. ¡Mi hermana no! Desgraciadamente, ella no fue su única víctima. Una muchacha tras otra contaba historias parecidas del modo en que Max había abusado de ella sexualmente. Dolorosamente, nos enteramos de que ese retorcido maestro había escogido cuidadosamente a sus víctimas, les había colmado de regalos y les había atraído hacia su trampa. El una vez querido maestro había creado una amplia colección de vidas destrozadas por sus deseos impíos.

Algunos estudios demuestran que hasta una de cada tres niñas y uno de cada cuatro niños sufren algún tipo de abuso sexual.

Sean cuales sean las cifras, esta tragedia debe de destrozar el corazón de Dios. Sé que destrozó el mío como hermano.

Al escribir estas palabras, mis ojos se llenan de lágrimas al pensar en lo que aquellas dulces muchachas soportaron. Solamente Dios sabe cuántas sufrieron mientras Max se daba placer a sí mismo a expensas de ellas. Recuerdo intentar absorber la dolorosa verdad. ¿Cómo debía yo responder? ¿Debíamos rastrearle? ¿Hacer que le arrestasen? ¿Darle una paliza?

No se equivoque; yo me enfurecí en el momento en que escuché sobre su abuso, pero cuanto más pensaba en ello, mi enojo se convirtió en furia. La semilla de amargura plantada en mi corazón creció hasta convertirse en una gran zarza de venganza. Oré para que Max sufriera eternamente en el infierno, y prometí hacerle sufrir en la tierra antes de que se enfrentase al juicio de Dios.

Mi plan de venganza no fue necesario. Para mi agridulce deleite, más adelante descubrimos que Max estaba sufriendo en un hospital, batallando por su vida a causa de una enfermedad debilitante: distrofia muscular. Recuerdo dar gracias a Dios por su justicia al darle a Max lo que se merecía.

La raíz del problema

La mayoría estaría de acuerdo en que en mi amargura hacia Max estaba justificada. Después de lo que le hizo a mi hermana (y a sus otras víctimas), ¿quién podría culparme por estar enojado? A pesar de lo justificables que fueran mis sentimientos, sin embargo, ante los ojos de Dios mi odio farisaico era igual de pecaminoso que el delito de Max. Incluso escribir esa frase todos estos años después sigue siendo difícil; ¿cómo podría mi deseo de justicia ser considerado tan pecaminoso como los actos lujuriosos de ese monstruo? La inmensa mayoría de las personas estaría de acuerdo en que mi odio y mi enojo crítico estaban más que justificados.

En el transcurso del tiempo, sin embargo, aprendí que la amargura nunca nos acerca más a Dios. La amargura es una emoción tóxica e improductiva, que normalmente resulta del resentimiento por necesidades no satisfechas. Yo estaba enojado porque mi familia no podía dañar a Max a cambio de lo que él le robó a mi hermana. Mi necesidad no satisfecha no era solamente de justicia, sino también de retribución; yo quería que él sufriera, que viviera con la horrible conciencia del tipo de hombre que era y de lo que hizo.

En cambio, yo no estaba castigando a nadie, sino a mí mismo y a quienes me rodeaban y experimentaban los ingredientes excedentes del ácido que burbujeaba en mi interior. Mi desgracia autoinducida condujo solamente a una reacción en cadena. Al igual que un jefe criminal que necesita apoyo para un gran asalto, la amargura nunca trabaja sola. Sus insidiosos compañeros incluyen: celos, enojo, odio, desobediencia, menosprecio, murmuración, ira, e incontables otros. La tarea que planean es robar a cualquiera que puedan la paz, la esperanza, el gozo, el perdón y la misericordia. En lugar de solo infligir un corte en nuestra alma, la amargura y su pandilla llenan nuestro camino espiritual de capas de cristales rotos, dejando que nos desangremos lentamente y dolorosamente hasta morir de resentida ira.

La Palabra de Dios nos muestra claramente los peligros de la amargura: «Busquen la paz con todos, y la santidad, sin la cual nadie verá al Señor. Asegúrense de que nadie deje de alcanzar la gracia de Dios; de que *ninguna raíz amarga brote y cause dificultades y corrompa a muchos*» (Hebreos 12.14–15, énfasis del autor). Aunque no podemos controlar el resultado, somos llamados a hacer todo lo posible por vivir en paz con los demás, incluso, o *especialmente*, con quienes nos han hecho daño. El problema es que cuando estamos llenos de amargura, como yo lo estaba con Max, no queremos creer que este versículo se aplica a nuestra situación; pero sí se aplica. El escritor de Hebreos nos advierte que estemos en guardia contra la raíz de amargura.

Debemos estar alertas y hacer todo lo posible para luchar contra ella. Si no tenemos cuidado, si permitimos que la amargura eche raíz en nuestra vida, entonces podríamos pasar por alto la gracia de Dios en nuestra vida. ¿Por qué? Porque la raíz de amargura contamina y envenena.

La amargura trabaja de modo subterráneo, deslizándose por debajo de la superficie. Nadie puede ver el veneno que recorre nuestras venas. Por fuera, podría usted parecer normal, y puede engañar a otros durante cierto tiempo, pero en el interior la amargura comienza a hervir. «No puedo creer que ella me hiciera eso». «Yo no trataría así ni a mi peor enemigo». «Estoy tan enojado que podría matar a alguien». «Él va a pagar por esto, de un modo u otro».

Con el tiempo, nuestra amargura envenena nuestro corazón. «No me sorprendería si algo realmente malo le sucediera». «Él se lo merece, ya sabes». «Si vuelvo a verla alguna vez, no hay modo de saber lo que podría hacer». «Oro para que Dios le dé lo que realmente se merece».

Oro para que nunca haya experimentado algo como lo que mi familia experimentó con Max. Si le ha sucedido, entonces conocerá demasiado bien la tentadora llamada de la amargura en la puerta de su corazón. Desgraciadamente, si usted ha vivido mucho tiempo habrá experimentado cierto tipo de dolor o de traición. Quizá alguien a quien usted quería sufrió abuso. O puede que usted fuese ese alguien. Podría haber tenido un buen amigo que murmuró sobre usted o traicionó su confianza. Usted pensaba que podía confiar en esa persona, pero su infidelidad le demostró que estaba equivocado. Quizá alguien no estuvo a su lado cuando usted sabe que debería haberle cubierto las espaldas, y ahora se pregunta en quién puede confiar. Quizá intentó usted ayudar a alguien y esa persona se aprovechó de su generosidad. O quizá un socio en los negocios le mintió y le engañó. Podría haber puesto su confianza en otro cristiano, quien entonces le hizo algo que no representaba en absoluto a Cristo.

Si no está usted en guardia, una raíz de amargura puede crecer en el terreno de una herida que no se ha tratado de forma adecuada. Obviamente, no es un pecado por parte de usted cuando alguien le hace daño, pero si usted no maneja la herida adecuadamente, el pecado de esa persona se convierte en un catalizador para su propio pecado. Entonces no será usted herido una vez, sino que será herido dos veces o incluso más. Eso fue lo que me sucedió a mí al darle vueltas a lo de Max. Cuanto más me imaginaba lo que él había hecho, más profundamente la amargura echaba sus raíces en el terreno de mi corazón, y más se infiltraba su flagrante veneno en mi alma.

El veneno se desarrolla

En un momento u otro, cada uno de nosotros debe contender con la pestilencia del pecado de otra persona y decidir cómo responderá a ello. Nunca olvidaré las devastadoras semillas de destrucción que echaron raíces y se desarrollaron en el matrimonio de una pareja. Michelle era madre de dos hijos y estaba casada con un hombre cristiano llamado Tony que crecía espiritualmente. Todo le parecía perfecto a Michelle hasta el día en que Tony le confesó su pecado secreto. Cuando Tony tenía trece años, encontró un montón de revistas pornográficas que le atrajeron hacia una trampa de la que no pudo escapar. Al principio, él no veía ningún daño en mirarlas. Después de todo, no estaba haciendo daño a nadie. Pero su curiosidad pronto se convirtió en un hábito inquebrantable que se transformó en una adicción durante toda la vida. Cuando Tony se convirtió en cristiano un año antes de su matrimonio, se dio cuenta de que no debía mirar con lujuria. Por desgracia, la pornografía le tenía fuertemente atenazado. Por mucho que lo intentaba, Tony no podía dejar de mirar. Se las ingenió para encubrir sus huellas, pero no pudo ocultar su culpabilidad.

Después de más de dos décadas de ocultar su pecado, Tony decidió que ya era suficiente, y determinó ponerse a cuentas con su esposa. Entre lágrimas, le suplicó su perdón y le pidió si podía ayudarle. Basándome en mi propia experiencia, Tony hizo lo correcto. En la mayoría de las relaciones, la confesión generalmente conduce a algunos desafíos a corto plazo, pero a la sanidad a largo plazo. En cambio, Michelle le lanzó su despertador con fuerza, le llamó con varios nombres, y se fue de su casa para vivir con su mamá.

«¡Odio las agallas que tuvo!», me gritó Michelle cuando la vi por primera vez desde que se enteró de la adicción de Tony. Entonces rompió a llorar. Ya que yo acababa de pasar una hora con su esposo, sabía exactamente en qué punto estaba él. Yo sabía que el camino de regreso a la confianza sería difícil, pero debido a que Tony estaba profundamente arrepentido, con trabajo, oración y consejería, yo sentía confianza en que él podía vencer su adicción y que ambos podrían tener un matrimonio incluso mejor que antes.

Cuando Michelle me dijo que iba a abandonarle, yo supuse que hablaba debido a su dolor y que se calmaría con el tiempo. Mi suposición era equivocada. Michelle permitió que Satanás plantase una semilla de amargura en su corazón que creció y se convirtió en un árbol maduro de odio. Día tras día ella pensaba, imaginándose las sucias imágenes que su esposo veía. En lugar de acercarse más hacia el perdón, ella se acercó más profundamente al resentimiento.

A medida que las raíces de amargura crecieron, Michelle decidió que el único modo de vengarse de su esposo era hacerle experimentar el mismo dolor que le había causado a ella. Por tanto, se puso su vestido más sexy, uno que mostraba muy bien todas sus curvas, y se dirigió hacia el bar más popular de la ciudad. No pasó mucho tiempo hasta que atrajo la atención de un hombre. Aquella noche, ella fue a casa de él y pasó la noche con un hombre al que acababa de conocer. Su amargura se había convertido en ácido, que quemó su corazón y nubló su conciencia.

Una mala decisión condujo a otra, y la vida de Michelle se descontroló cada vez más. Lo que yo esperaba que sería un matrimonio en camino hacia la sanidad se convirtió en un matrimonio en camino a una colisión frontal con el odio. Tristemente, su matrimonio se desintegró con rapidez y pasó a ser un feo divorcio. En la actualidad, Michelle sigue estando convencida de que todos los hombres son malvados, aunque continúa pasando de uno a otro. No hay duda de que el pecado de Tony comenzó el problema; pero la decisión de Michelle de escoger la amargura en lugar del perdón convirtió su problema compartido en un sufrimiento sin solución.

Las raíces del árbol

Todas las raíces, ya sean de una secoya gigante o de la amargura personal, se sostienen mediante lo que absorben y la dirección hacia la que crecen. Las raíces absorben cualquier humedad que esté cercana a su sistema para alimentar al árbol. Si las raíces absorben agua limpia, el árbol crecerá fuerte y sano. Si las raíces absorben aguas contaminadas, el árbol se vuelve enfermo y poco sano. Igual que las personas. Cuanto más le dan vueltas a una herida, más veneno absorbe su corazón.

Las raíces también crecen profundamente. Una raíz contaminada se hunde profundamente en el terreno, haciendo que el árbol o la planta sea muy difícil de eliminar. Así también, una raíz de amargura encierra a la persona en un lugar y hace difícil que pueda avanzar en la vida. Si las raíces se multiplican y se enredan, pueden dejarle sin vida.

Jesús dijo: «Un árbol bueno no puede dar fruto malo, y un árbol malo no puede dar fruto bueno» (Mateo 7.18). ¿Qué hace que el árbol sea bueno o malo? La fuente con frecuencia se encuentra en la raíz. ¿Qué produce una raíz amarga? Fruto venenoso. La Nueva Traducción Viviente expresa Hebreos 12.15 de este modo: «Tengan cuidado de que no brote ninguna raíz venenosa de amargura, la cual los trastorne a ustedes y envenene a muchos». La palabra en griego traducida como «trastornar» o «envenenar» es *miaino*. Significa «manchar, corromper o contaminar».

Cuanto más meditaba yo en las acciones de Max hacia mi hermana, más corrupta y contaminada se volvía mi alma. Llegué a obsesionarme con asegurarme de que él pagase por su mala conducta. ¿Y sabe a quién hizo más daño mi amargura?

A mí.

Un poco de amargura recorre un largo camino. Añadamos un poco de amargura a cualquier ambiente y observemos cómo sufre. Algunos adolescentes amargados pueden hacer desviar a un grupo entero. Un par de mamás amargadas pueden envenenar a toda una junta de padres. Un diácono amargado puede dividir una iglesia.

Probablemente haya observado que una persona amargada puede destruir el ánimo en un ambiente de trabajo. Un poco de presión aquí, unas quejas más allá, y un poco de murmuración y crítica, y su lugar de trabajo se convierte en un infierno en la tierra.

La amargura también puede destruir una familia con mayor rapidez de la que se puede decir la rima: «Y sale de repente la comadreja». Tomemos cualquier traición familiar: un divorcio, una promesa rota, una adicción o un malentendido. Permitamos que el problema divida a las personas en dos bandos. Obliguemos a que escojan uno, y tendremos un problema que podría dividir a una familia para toda la vida.

La amargura nunca produce buenos resultados. Debido a que una persona ha sido herida, con frecuencia justifica su amargura. Si es cruel o está enojada con otra, se siente completamente justificada. «Solamente me siento así debido a lo que ella me hizo. Tiene lo que merece».

La persona amargada rápidamente se vuelve crítica en exceso. La Biblia dice que el amor no guarda rencor, pero la amargura guarda un rencor detallado. Al mirar mediante unos lentes de dolor, lo único que las personas amargadas pueden hacer es encontrar fallos. «No puedo creer que él se comporte de esa manera. ¿Quién se cree que es?». Puede que incluso secretamente celebren la mala fortuna de otra persona. Cuando sucede algo malo, sencillamente creen que esa persona tuvo lo que se merecía.

Es común que alguien descarte a todo un grupo de personas. Un hombre traicionado piensa que todas las mujeres son unas engañadoras. Una persona defraudada decide que todos los cristianos son unos hipócritas. Un niño que sufrió abusos podría decidir que no se puede confiar en ningún adulto.

El problema es que muchas personas amargadas no saben que están amargadas. Ya que están tan convencidas de tener la razón, no pueden ver su propio error en el espejo. Y cuanto más crecen las raíces de amargura, más difíciles son de eliminar.

Limpieza de tuberías

Nosotros tuvimos un gran problema con raíces que crecían por las tuberías de nuestros inodoros y llegaban hasta nuestro tanque séptico (asqueroso, ya lo sé). Varias veces al año teníamos que llamar a una empresa para que desatascase las tuberías. Finalmente, el problema se volvió tan viejo y tan costoso que decidimos quitar el árbol que causaba los problemas y eliminar las raíces.

Si usted está experimentando amargura, tendrá que hacer algo parecido. La única manera de quitar la amargura de su vida es matarla en la raíz. Y hay solo una manera de matar la raíz de amargura: con el perdón. Efesios 4.31–32 dice: «Abandonen toda amargura, ira y enojo, gritos y calumnias, y toda forma de malicia. 32 Más bien, sean bondadosos y compasivos unos con otros, y *perdónense mutuamente*, así como Dios los perdonó a ustedes en Cristo» (énfasis del autor).

Cuando era pequeño, me enseñaron a tratar a los demás como quisiera que me tratasen a mí. Pablo toma este buen consejo y lo convierte en consejo piadoso. Él no dice que tratemos a los demás como queramos que nos traten a nosotros; en cambio dice que tratemos a los demás como Cristo nos trató a nosotros. En otras palabras, perdonar de la misma manera que hemos sido perdonados.

Cuando me convertí en cristiano, llevaba conmigo mi profunda raíz de amargura hacia Max. Aunque como nuevo cristiano comencé a aprender los principios del perdón, racionalizaba que Max era la excepción al mandato de Dios de perdonar. Sin duda, Dios no requeriría de mí que perdonase a alguien que hizo algo tan horrible como lo que Max hizo a aquellas niñas.

Desgraciadamente, aprendí que el mandato de Dios de perdonar no tiene ninguna excepción. Para hacer las cosas aun más desafiantes para mi corazón amargado, descubrí estas palabras de Jesús: «Porque si perdonan a otros sus ofensas, también los perdonará a ustedes su Padre celestial. Pero si no perdonan a otros sus ofensas, tampoco su Padre les perdonará a ustedes las suyas» (Mateo 6.14–15). Permita que subraye las palabras de Cristo, en caso de que usted las leyera rápidamente la primera vez. Si no perdona a los demás, Dios no le perdonará a usted. ¡Vaya!

Recuerdo argumentar con Dios. «¿Cómo puedo perdonar a alguien que hizo algo tan horrible? No quiero perdonar. Max merece pagar». Aunque los recuerdos del abuso de Max seguían persiguiéndome, también lo hacía el mandato de Cristo de perdonar.

Con el tiempo y después de mucha oración, finalmente me rendí a la idea de que perdonar al hombre que había hecho daño a mi hermana era lo correcto y lo bíblico. Aunque yo sabía que era correcto, eso no hacía de ninguna manera que fuese más fácil.

Comencé intentando orar por Max. Uno pensaría que orar por otra persona nunca sería tan difícil. No sé si yo habré hecho nunca algo tan difícil. «Bendice a Max», oraba yo a medio ánimo, sin decir sinceramente una de las tres palabras que oraba. Aquello fue un comienzo.

He descubierto que sus oraciones por otros puede que cambien o no a esa persona, pero siempre le cambian a usted mismo. Cuando yo intenté sinceramente orar por un traidor, poco a poco mi raíz de amargura comenzó a morir. Para ser sincero, no creo que ni siquiera me diese cuenta al principio, pero el veneno que yo había estado permitiendo que estuviera en mi corazón comenzó a desaparecer.

Sacudido

En más de veinte años de ministerio, no puedo pensar en un acontecimiento más trágico que justificaría un espíritu amargado. Sin embargo, puede que no haya observado nunca una mejor imagen de la gracia y el perdón de Dios que por medio de dos parejas que tuvieron que solucionar una ofensa insoportable.

Dos jóvenes esposas a las que llamaré Jeanette y Suzy eran inseparables. Disfrutaban del estudio de la Biblia semanalmente con otras dos parejas, hacían salidas familiares juntas, y criaban juntas a sus hijos.

Cuando Jeanette decidió aceptar un trabajo a media jornada para obtener un poco de dinero extra, Suzy se ofreció a cuidar de su hija recién nacida. Todos se sentían bendecidos por una situación en la que todos salían ganando hasta que un día, la hija de dieciocho meses de Jeanette, dejó de respirar en la cama. Con pánico, como cualquier mamá tendría, Jeanette llamó al 911, orando a la vez que intentaba seguir ella misma respirando. Aunque los profesionales médicos hicieron revivir a la niña y la llevaron rápidamente al hospital, el médico explicó que los rayos X revelaban trauma en la cabeza del bebé. Para empeorar aun más las cosas, el médico expresó preocupación de que aquella herida pudiera causar un daño permanente en el cerebro, y sugirió que alguien había hecho daño al bebé a propósito.

Las acusaciones comenzaron a volar. Varias personas se implicaron orando y haciendo preguntas. Nadie pensaba que Jeanette haría daño a su propia hija, y Suzy, su mejor amiga, no podía ser sospechosa, ¿o sí?

Las autoridades estatales tuvieron que involucrarse por causa de la pequeña, y las cosas rápidamente fueron de mal en peor. Todos se convirtieron en sospechosos. Debido a que nadie sabía a quién asignar la culpa, las autoridades se llevaron a todos los hijos de las casas de Jeanette y Suzy. Cuando los médicos reconocieron que habría un daño permanente, se estableció la realidad. Alguien había abusado de una niña, y el daño era verdadero y duradero.

Jeanette llegó a estar convencida de que su amiga Suzy había hecho daño a su hija. Suzy se mantuvo firme. Con una línea en la arena, incluso amigos neutrales comenzaron a tomar partido. El daño se convirtió en amargura, y comenzó a crecer la raíz, más profundamente de lo que se puede imaginar.

Después de casi dos años, el caso quedó finalmente cerrado; fue entonces cuando Suzy sorprendió a todos. En contra del consejo de su abogado, ella confesó haber hecho daño a la hija de Jeanette. Ella no tenía intención de hacerlo, pero lo hizo. Aunque podría haber mantenido el incidente como un secreto y que nadie se hubiera enterado nunca, después de su confesión un juez le sentenció a la cárcel durante 712 días: un día por cada uno de los días en que no confesó su delito.

Notas de misericordia

Puede producirse sanidad si tenemos la valentía de perdonar. Hace algunos años, yo prediqué un mensaje sobre la amargura y el poder del perdón para eliminar raíces de amargura. Con el permiso de mi hermana, que es parte de nuestra iglesia, compartí su historia del abuso que ella soportó de parte de Max. Afortunadamente, mi hermana ahora ayuda a otras muchachas a sanar de un dolor parecido.

En el mensaje, expliqué que la amargura hace el mayor daño a la persona amargada. Compartí los mismos versículos sobre el perdón que he escrito en este capítulo. Entonces relaté el modo en que Dios cambió mi corazón.

Al mismo tiempo en que yo comencé el proceso de perdonar a Max, su cuerpo dio un giro para peor. Su distrofia muscular tomó la delantera, y nos enteramos de que no le quedaba mucho tiempo de vida.

Mediante el poder milagroso de Dios, mi hermana, nuestros padres y yo decidimos perdonar a Max por su ofensa. Dios nos había perdonado libremente a nosotros. ¿Cómo podíamos nosotros retener la misma misericordia a otra persona?

Yo envié una nota a Max mientras él estaba bajo el cuidado del hospicio, preparándose para morir en su hogar. En la nota, escribí sobre lágrimas el modo en que Cristo me había perdonado y cambiado. Explicaba que Dios quería hacer lo mismo por Max. Con toda la sencillez que pude, conté la historia del evangelio, destacando la gracia y el perdón que son posibles por medio de Cristo.

Después del funeral de Max, me enteré de que la enfermera que le cuidaba le leyó la nota, y Max entregó su vida a Cristo. Aunque ciertamente Max no lo merece, pasará la eternidad perdonado por Dios en el cielo. Por mucho que a mí no me parezca justo, mi historia no es tan distinta. Aunque yo nunca abusé de nadie, he pecado gravemente contra mi santo Dios. Yo, al igual que Max, pasaré la eternidad perdonado por Dios en el cielo, aunque no lo merezco.

Después de contar esa historia a nuestra iglesia, vi milagro tras milagro a medida que las personas decidían perdonar a quienes les habían hecho daño y soltar la amargura que les hacía incluso más daño a ellas mismas. Aunque no deberíamos haber subestimado el poder de la gracia y el perdón de Dios, nadie quedó más sorprendido que yo cuando quedó claro que la historia de Suzy y Jeanette no había terminado. Después de que Suzy cumpliera su sentencia en la cárcel, ella y su esposo visitaron a Jeanette y su esposo en su casa. Con lágrimas, Suzy se arrodilló y pidió perdón. Y Jeanette y su esposo perdonaron libremente a Suzy por haber hecho daño a su hija, que entonces tenía cuatro años. Aunque esta pequeña es tan bonita como puede ser cualquier niño, siempre caminará con cojera y batallará con un impedimento en el habla como resultado del daño. Después de la disculpa, Jeanette y su esposo preguntaron a Suzy si quería abrazar a su hija. Como podrán imaginar, nadie tenía los ojos secos en esa reunión. La amargura se fue. Llegó la sanidad. Y nadie que conozca la historia de ellas puede seguir siendo igual.

Actúe cuando pueda

Hay una razón por la cual Dios quiere que amemos y oremos por nuestros enemigos y por quienes nos han ofendido. Él podría habernos dicho que dejemos que el tiempo sane un poco la herida, o que lo tomemos con calma hasta que estemos preparados para avanzar. En cambio, se nos dice que oremos enseguida. Por ejemplo, ahora.

Incluso después de todo lo que Dios me enseñó con Max, aún tuve que aprender de nuevo la lección por el camino difícil. Antes de comenzar Life Church, yo era pastor asociado en una iglesia en la ciudad de Oklahoma. Uno de los pastores allí llegó a ser un mentor para mí. Al igual que un entrenador, él me alentó a hacer cosas en el ministerio que yo nunca pensé que podía hacer. Poco después, él y su esposa se convirtieron en amigos cercanos y de confianza para mi familia.

Tristemente, mi amigo cometió algunos errores costosos que hicieron daño a muchas personas, y le costó su empleo como pastor. Aunque él dejó su papel en nuestra iglesia y se trasladó a otro estado, seguimos siendo buenos amigos. Al conocer su ternura hacia Dios, yo oraba constantemente para que su familia pudiera sanar y que un día él fuese restaurado al ministerio.

Dos años después comenzamos Life Church, y él preguntó si podía unirse a mi plantilla de personal. Al sentir que él tenía que experimentar una mayor sanidad, le invité a servir fielmente como voluntario durante un año, y después hablaríamos sobre un puesto en la plantilla. Mi amigo trasladó a su familia de nuevo a nuestra ciudad y consiguió un empleo para así poder servir en nuestra iglesia.

Yo estaba contando los días, esperando poder contratarle al final de ese año. Los dones que él tenía eran un complemento perfecto para los míos. Nuestra iglesia le quería, y él quería a nuestra iglesia. Sin embargo, mi amigo comenzó otra vez a tomar malas decisiones. Cuando yo le confronté con la esperanza de ayudar, él me utilizó como un saco de boxeo verbal sobre el que descargar años de dolor.

Cuando nos despedimos aquel día, yo estaba sorprendido por lo que acababa de suceder. Sin duda alguna, mi amigo estaba sufriendo y tenía cierto tipo de problemas. Obviamente, había tomado decisiones que volverían a hacer daño a las personas a quienes él más quería. Quizá fuese por vergüenza o por enojo, pero cualquiera que fuese la razón, él nos apartó a mí y a otras personas que le querían.

Creyendo que solucionaríamos esa situación al igual que habíamos solucionado otros desafíos anteriormente, decidí darle espacio para respirar. Los días se convirtieron en semanas mientras yo continuaba trabajando en la iglesia. Oraba regularmente por mi amigo, pero no me puse en contacto con él. Una noche estaba yo predicando un mensaje sobre reconciliar relaciones. En mitad del mensaje, me di cuenta de que tenía que acercarme a él. De camino a casa, le dije a mi esposa que le llamaría al día siguiente.

Esa oportunidad nunca llegó. Cuando llegué a casa, el contestador del teléfono tenía un mensaje de la esposa de mi amigo. Ella le había encontrado colgado de una viga en su garaje.

Cuatro días después, realicé el funeral de mi amigo. Cientos de amigos y familiares sorprendidos se reunieron para enterrar al hombre al que habíamos querido tanto. Aunque sé que su muerte no fue culpa mía, durante el resto de mi vida lamentaré no haberme acercado antes.

La vida es incierta. La eternidad no lo es. La falta de perdón no puede tener permiso para quedarse otro día. ¿Guarda usted rencor? Nunca será más semejante a Dios que cuando perdona. Suéltelo. Mate la raíz de amargura. Suelte la herida y permítase a usted mismo ser libre.

6

Verde de envidia

Rascar la hiedra venenosa de la comparación

La envidia es el arte de contar las bendiciones
de la otra persona en lugar de contar las propias.
—Harold Coffin

Con seis hijos en nuestra casa, hemos pasado por etapas en que varios problemas parecen consumirnos: enseñar a los niños a ir al baño, comenzar la escuela, aprender a montar en bicicleta sin ruedas pequeñas. Cada nuevo capítulo se multiplicaba por seis. Hubo un periodo en que a alguien siempre se le caía algún diente, y parecía como si los dientes fueran a caerse interminablemente. El ratoncito Pérez visitaba nuestra casa más que nuestro cartero.

Si conoce algo sobre mí, es posible que haya oído que yo tiendo a ser, bueno, bastante «conservador» económicamente. Puedo aceptar eso. Dios me ha hecho ser mucho más generoso a medida que he ido envejeciendo, pero en aquellos tiempos, la tarifa de regalo del ratoncito en nuestra casa era de un dólar estadounidense.

Quizá la economía fuese mejor en algunas otras casas, o quizá tuviera algo que ver con la inflación. Pero un día, mi pequeña Anna, que tenía entonces siete años y acababa de recibir solo un billete de un dólar por un molar infantil, acudió a mí corriendo, obviamente molesta. «¡Papá! ¡Papá! ¡No vas a *creerte* esto! ¿Sabes que obtenemos un dólar de nuestro ratoncito? ¡Mi amiga McKae me dijo que su ratoncito le trae *cinco* dólares!». Mi pobre hija estaba fuera de sí, tan perpleja como cualquier inversor lo estaría al ver su cartera disminuir delante de sus propios ojos.

Ella se preguntó en voz alta: «¿Papá, por qué, por qué, por qué? ¡No es justo! ¿Cómo es que nosotros solo recibimos un dólar cuando McKae recibe cinco?».

Mi mente se aceleró para pensar en una explicación aceptable. Afortunadamente, mi pequeña me rescató mientras continúo pensando en voz alta. «¡Papá, quizá podamos descubrir qué ratoncito utilizan ellos y pasarnos a ese mismo!».

Quiero tenerlo

No son solo los niños quienes quieren cambiarse a ratoncitos que sean más acaudalados. En un momento u otro, todos nosotros queremos lo que otros tienen y nosotros no tenemos. Este escrutinio personal en el cual comparamos dónde estamos nosotros en el mundo con dónde vemos a otros, normalmente se condensa en la palabra *envidia*. De la antigua palabra francesa *envie*, la cual a su vez se originó en la palabra en latín *invidia*, literalmente significa «mirar con malicia o resentimiento». Su género más próximo incluye, descontento, insatisfacción y avaricia, todos ellos nacidos del matrimonio entre comparación y resentimiento.

Vemos lo que otra persona tiene, y lo queremos para nosotros mismos. Si creemos que merecemos el objeto de nuestro deseo más que la persona que lo tiene, nuestra envidia se convierte en celos. En cualquier caso, estamos contaminando nuestra alma con esporas de descontento que florecerán y se convertirán en deseo, avaricia y codicia. En palabras sencillas, envidia es cuando usted resiente la bondad de Dios en las vidas de otras personas y pasa por alto la voluntad de Dios en su propia vida. Es cuando piensa: «Ellos lo tienen todo, y yo lo quiero. Ellos ni siquiera lo merecen. ¡No deberían haberlo tenido en un principio!».

Nuestra cultura consumista prospera en la envidia. ¿No le gustaría tener el último juguete electrónico? ¿O un nuevo auto con interior de cuero que puede estacionarse él solo o arrancar electrónicamente desde kilómetros de distancia? ¿O una casa más nueva en un barrio mejor? ¿O un mejor destino de vacaciones? Si nos tomásemos en serio cada anuncio publicitario, nunca tendríamos un solo momento de satisfacción en nuestra vida. Nunca podríamos disfrutar de lo que tenemos porque siempre querríamos tener lo que otra persona tiene.

A pesar de lo que nos dicen los anunciantes y los psicólogos, realmente no podemos tenerlo todo. Si queremos experimentar un modo de vivir limpio y espiritual, entonces, como el apóstol Pablo, debemos aprender a estar contentos en todo. Debemos aprender a reconocer la envidia en todas sus formas y tener cerca el antídoto para su veneno mortal.

Yo tendré lo que ella tiene

Al igual que hongos venenosos o esporas tóxicas de moho, la envidia adopta diversas formas. Cuando muchos de nosotros pensamos en la envidia, probablemente la relacionamos, en primer lugar, con el materialismo: dinero, posesiones, juguetes. Incluso si en realidad nos gusta nuestra carrera, la mayoría de nosotros probablemente nos identifiquemos con desear tener un trabajo mejor, uno en el cual ganemos más dinero. ¿Soy solo yo, o parece que en cuanto usted consigue un auto, ya sea nuevo para usted o nuevo de fábrica, la primera vez que lo conduce ve un auto que le gusta más? O si no es el deseo de un auto, ¡es una barca hinchable! Y lo único que algunos hombres quieren en la vida es una lancha de pesca mayor. Están convencidos de que *entonces* serían felices.

La tecnología es lo peor. Cuando usted sale de la tienda con el televisor más nuevo, más grande y más brillante, hay un empleado del almacén que sale con otro más nuevo, más grande y más brillante para ponerlo en el lugar sobre el estante donde estaba el que usted se lleva. Y sean sinceros: cuando se trata de tecnología, el tamaño importa. Queremos que nuestro televisor sea grande y nuestros teléfonos sean pequeños. Me da mucha risa que finalmente haya algo en la vida que un hombre realmente quiere que sea más pequeño que el que tiene otro hombre. Su amigo saca su nuevo teléfono inteligente, y usted dice: «Vaya, ¡es increíble! Yo daría cualquier cosa por tener uno tan pequeño».

Algunas personas tienen envidia del aspecto físico. Una mujer ve a otra mujer y piensa: «Su figura es mejor que la mía. Su pecho es mayor y sus caderas son más pequeñas de lo que serán nunca las mías». La mayoría de las mujeres parecen desear que algunas partes de su cuerpo fuesen más grandes mientras que otras fuesen más pequeñas. Muchos hombres sienten de modo parecido: acerca de su cabello. Cuando un hombre ve a otro hombre que tiene un cabello más bonito y más grueso que el suyo, ¡desearía tener menos vello en su espalda y más sobre su cabeza!

La envidia relacional es otra envidia común. Dos mujeres solteras puede que sean muy buenas amigas. Salen juntas, charlan, compran y están cerca. Lo pasan muy bien juntas. Entonces, una de ellas tiene novio. Al principio, la mujer que no tiene novio se alegra por su amiga; pero inevitablemente, su soledad comienza a tener cada vez más peso sobre ella, y se le hace más difícil celebrar la felicidad de su amiga con sinceridad. Su amiga se compromete y le enseña su anillo de compromiso, toda alegre y emocionada. Ella es educada y muestra tanto entusiasmo como puede, pero en secreto piensa: «¡No es justo! ¿Viste cómo presumía de ese anillo delante de mi cara?».

Desde luego, las personas casadas experimentan su propia vena virulenta de envidia. Una mujer no puede evitar observar cosas acerca del esposo de su amiga. Él tiene un buen empleo, lidera a su familia espiritualmente, se ocupa de su propio cuerpo, ayuda en la casa, ¡e incluso baña a los niños por la noche sin que su esposa se lo pida! Entonces mira a su propio esposo, sentado en el sofá, viendo un partido de fútbol, con una bolsa de Doritos medio llena reposando sobre su abdomen y restos color naranja en su barba y en la punta de sus dedos.

Los esposos también batallan con esto. Un hombre observa que la esposa de su amigo siempre parece alentar a su esposo. Ella siempre le respalda, siempre presume de él, siempre tiene la cena preparada y nunca se queja con respecto a tener que ocuparse de la casa. Pero siente que cada vez que su propia esposa abre la boca, le dice qué hacer y le desprestigia, aferrándose a algo que él no ha hecho.

¿Sabe a quién envidio yo? ¡A las personas que tienen los fines de semana libres! No estoy bromeando. ¿Qué hago yo los fines de semana? ¿Además de intentar salvar las almas del mundo? Oh, no mucho... supongo. ¿Y cómo pasan todos los demás sus fines de semana? Van al lago. Hacen senderismo. Ven un partido de béisbol. O se quedan durmiendo. O hacen tortitas de arándanos. A veces, solo tengo ganas de decir: «Muy bien, este fin de semana, todos los demás pueden irse al infierno. *Yo* me voy al lago». (Solo bromeo.)

También envidio a las personas cuyos trabajos terminan a las cinco en punto. Siento como si mi trabajo nunca terminara. Cuando muchas personas se van de la oficina y regresan a su casa, su vida laboral ha terminado. Como pastor, yo estoy disponible las 24 horas del día. Soy propenso a envidiar el tener un empleo «verdadero», aunque sé que no sería feliz si comiese tortitas de arándanos cada mañana y me fuese de la oficina a las cinco en punto cada día. La envidia es insaciable.

¿Y usted? ¿A quién envidia más? ¿Ha deseado alguna vez tener algo o alguien que vio a otros disfrutar? Quizá esté pensando: «¿En realidad importa si queremos un poco más de algo que no tenemos? Todos lo hacemos, ¿no? Entonces, ¿es para tanto?».

Los males de la envidia

Lo malo es que permitir que la envidia entre en su corazón es como plantar desechos nucleares en su jardín. Si usted no cree que la envidia es un problema grave, solamente considere lo que la Escritura tiene que decir al respecto. Santiago no ahorra palabras: «Pero si ustedes tienen envidias amargas y rivalidades en el corazón, dejen de presumir y de faltar a la verdad. Ésa no es la sabiduría que desciende del cielo, sino que es terrenal, puramente humana y diabólica. Porque donde hay envidias y rivalidades, también hay confusión y toda clase de acciones malvadas» (3.14–16). Entonces, ¿no es gran cosa este asunto de estar insatisfecho con lo que usted tiene y querer en cambio lo que otros tienen? «Toda clase de acciones malvadas» a mí sí me parece gran cosa.

Podemos encontrar muchos ejemplos de envidia a lo largo de la Biblia. En Génesis 4, Caín tuvo envidia de su hermano Abel. Dios aceptó la ofrenda de Abel, pero no aceptó la de Caín. Como resultado de su envidia, el resentimiento de Caín se convirtió en un veneno que llegó a poseer su corazón y le impulsó a asesinar a su hermano. En Génesis 30, Raquel tuvo envidia de su hermana Lea porque Lea podía tener hijos y ella no podía tenerlos. Entonces, más adelante en el mismo capítulo, intercambiaron sus lugares, y fue Lea quien tenía envidia de Raquel.

En Génesis 37, los hermanos de José le envidiaban. José era el favorito de su padre, y tenía sueños y visiones en los cuales sus hermanos se inclinaban delante de él. Pero en lugar de inclinarse, ellos decidieron que era una mejor idea golpearle, lanzarle a un pozo y venderle como esclavo.

En 1 Samuel 18 se nos dice que el poderoso rey Saúl envidiaba a David, el muchacho pastor convertido en guerrero. El pueblo inventó un canto con un estribillo no tan dulce acerca de que Saúl había matado a sus miles, pero David a sus *diez* miles. Los celos de Saúl al final le volvieron loco, literalmente, e intentó atravesar a David con una lanza: dos veces. En el Nuevo Testamento, en Marcos 15, encontramos que Jesús mismo fue objeto de envidia. ¿Por qué fue entregado a las autoridades romanas para ser crucificado? Porque los principales sacerdotes *le tenían envidia.*

Celos, enojo, amargura, asesinato y una tristeza desgarradora: todo ello surge del tóxico poder de la envidia.

Pensemos en lo siguiente: en Isaías 14 se dice que Lucifer tuvo envidia de Dios, y como consecuencia se rebeló y fue expulsado del cielo. Haríamos bien en recordar que la envidia es claramente el pedernal que desencadena el mal en nuestros corazones. Parece que envía la señal de «estoy disponible» a demonios que buscan una cita barata. La envidia es tan volátil como la nitroglicerina, y no podemos llevarla en nuestro interior sin que el mal explote.

Proverbios 14.30 nos dice: «El corazón tranquilo da vida al cuerpo, pero la envidia corroe los huesos». El filósofo Sócrates desarrolla esta verdad. Él escribió: «La envidia es la hija del orgullo, la autora del asesinato y la venganza, el perpetuo atormentador de la virtud. La envidia es el sucio cieno del alma, un veneno que consume la carne y seca los huesos. Nos carcome como el cáncer desde el interior».

Ninguna comparación

Entonces, ahora sabemos que envidiar es terrenal, poco espiritual y demoníaco. Pero ¿qué podemos hacer al respecto? Lo primero es realmente algo que podemos comenzar a *no* hacer. Pablo, en su carta a los corintios, escribe: «No nos atrevemos a igualarnos ni a compararnos con algunos que tanto se recomiendan a sí mismos. Al medirse con su propia medida y compararse unos con otros, no saben lo que hacen» (2 Corintios 10.12). La envidia comienza con la comparación. Y es muy fácil, casi natural, comparar lo que tenemos (o lo que no tenemos) con quienes nos rodean.

«Ellos tienen un auto más bonito que yo, pero yo tengo una casa mejor». Es muy fácil catalogarnos a nosotros mismos comparándonos con otros. Ninguno de nosotros es inmune. De hecho, ¿sabe quién más hizo eso? Los discípulos de Jesús. Los discípulos con frecuencia se comparaban los unos con los otros. ¿Quién es el más importante? ¿Quién llegará a sentarse al lado de Jesús? ¿Quién es el mayor?

En Juan 21, Jesús acaba de restaurar la posición de Pedro delante de Él, comisionándole a «cuidar de mis ovejas». Él profetiza sobre el tipo de muerte que Pedro experimentará, y Pedro pregunta: «¿Y qué de Juan? ¿Qué va a sucederle a él?». Jesús responde: «¿Y a ti qué?». Esencialmente, estaba diciendo: «Pedro, ¡eso no es asunto tuyo!».

Para ser sincero, yo batallo ocasionalmente con compararme a mí mismo con otros pastores. Y cuando lo hago, nunca es bonito. Yo debería estar contento con ser quien Dios me ha llamado a ser. Hace varios años, una revista ministerial clasificaba a los cincuenta pastores más influyentes en Estados Unidos. Yo entré en esa lista. De hecho, me pusieron entre los diez primeros más influyentes. Qué honor, ¿verdad? Hay entre 385.000 y 400.000 pastores en Estados Unidos. Usted tendría razón en pensar: «¡Vaya! Debió de emocionarle».

Y debería haber estado emocionado. Desgraciadamente, mi sincera respuesta fue más parecida a: «¿De verdad? ¿Hay varios que están catalogados por encima de mí?». Yo soy muy competitivo, y sencillamente me molestó. (Uno de los miembros de nuestra iglesia se enteró, y más adelante me dijo con una sonrisa: «No creo que usted estuviera verdaderamente en esa lista. No es tan bueno». Yo le dije que oraría por su alma mientras él estaba comiendo tortitas en el lago.)

Ese tipo de listas no solo no son particularmente útiles, sino que también pueden realmente sacar lo peor de nosotros. Cuando miramos a otras personas de modo comparativo y competitivo, no las estamos viendo como nuestros hermanos y hermanas. No las estamos amando más de lo que nos amamos a nosotros mismos, y sin duda no las vemos como Dios las ve. Romanos 2 deja claro que Dios no muestra favoritismo. Su palabra expresa que no deberíamos ver a las personas dentro de jerarquías. Gálatas 6.4–5 dice: «Cada cual examine su propia conducta; y si tiene algo de qué presumir, *que no se compare con nadie.* Que cada uno cargue con su propia responsabilidad» (énfasis del autor).

La abuela luchadora definitiva

Le he sugerido qué *no* debe hacer. En primer lugar y sobre todo, guárdese de compararse con otros tanto como sea posible. Practique el no utilizar «mejor que» ni «peor que» cuando piensa y habla sobre otras personas. Cuando vemos la bondad de Dios en las vidas de otros, no deberíamos permitirnos sentir resentimiento.

Ahora hablemos sobre qué *hacer.* Cuando vemos la bondad de Dios en las vidas de otros, deberíamos sentir gozo. Deberíamos celebrar a esas personas, y deberíamos celebrar *con* ellas. Romanos 12.15 nos enseña. «Alégrense con los que están alegres; lloren con los que lloran».

Puede que no se haya dado cuenta en ese momento, pero si alguna vez ha visto artes marciales mixtas, probablemente haya visto ejemplos de este principio en la práctica. (Si usted no sabe lo que es artes marciales mixtas, es para lo que Kip, el hermano de Napoleón Dinamita, se estaba entrenando: para ser un luchador en una jaula.) Casi todos los competidores a quienes he visto en las artes marciales mixtas, a pesar de lo que suceda en el ring, ya sean nudillos aplastados, sangre, huesos rotos, ojos cerrados por la hinchazón, no importa, cuando ese combate ha terminado y se declara al ganador, el otro hombre le felicitará genuinamente. ¡Con frecuencia incluso se dan un abrazo! El que perdió reconoce amablemente el éxito de su oponente. Y juntos comparten un sentimiento de celebración.

Yo en realidad aprendí este principio de mi abuela (me refiero a alegrarme con los que se alegran, no a apreciar las artes marciales mixtas). Cada Navidad, mi abuela nos enviaba dos tarjetas navideñas: mi hermanita Lisa recibía una tarjeta navideña con un cheque por veinte dólares, y yo recibía una tarjeta navideña con un cheque por veinte dólares. Siempre estábamos muy emocionados al recibir nuestras tarjetas de la abuela. Pero debido a que Lisa es mi hermana pequeña, desde luego era mi obligación, mi responsabilidad espiritual, molestarla. Lisa abría su tarjeta y me la enseñaba. «¡Mira, Craig! ¡La abuela me ha dado veinte dólares! ¿Recibiste tú también un cheque?».

Yo abría mi tarjeta y miraba, y decía: «¡Cien dólares! ¿Estás de broma? ¡Ella me dio cien dólares!».

Lisa se quedaba cabizbaja. Preguntaba: «¿De verdad?».

Yo doblaba mi cheque, lo metía en mi bolsillo y decía: «Sí», y me alejaba casualmente, silbando o algo. A veces, Lisa se entristecía tanto que lloraba. No sé por qué me hacía sentir tan bien el hacerle sentir a ella tan mal (no estoy orgulloso de eso ahora, desde luego).

Y entonces, inevitablemente, la abuela se enteró.

La Navidad siguiente, cuando yo abrí mi cheque por veinte dólares y dije: «¡Cien dólares!», Lisa abrió su cheque por cien dólares y dijo: «¡Cien dólares!». Mi abuela me enseñó a alegrarme con quienes realmente *sí reciben* un regalo de cien dólares.

Cuando otra persona consiga algo que usted estaba esperando, debería alegrarse con él o ella. Creo que uno de los mejores ejemplos de esto en la Escritura está entre el hijo de Saúl, Jonatán, y su amigo David. Recuerde que anteriormente hablé sobre que el rey Saúl envidiaba a David. Bien, ese mismo rey Saúl tenía un hijo: Jonatán. David y Jonatán eran los mejores amigos. Según todos los derechos terrenales, Jonatán debería haber sido el heredero al trono de su padre. Durante la mayor parte de la juventud de Jonatán, él probablemente esperaba con seguridad, y quizá aún soñaba, con que un día llegaría a ser rey. Desde luego, si conoce usted la historia, Dios tenía otros planes. Saúl pecó, y Dios escogió a David para sustituir a Saúl como rey de Israel.

La mayoría de nosotros, si estuviéramos en la posición de Jonatán, estaríamos enojados. Jonatán no. Incluso cuando Saúl estaba loco de celosa ira, persiguiendo a David para matarle, Jonatán se puso del lado de David. De hecho, notemos lo que Jonatán le dijo a David en 1 Samuel 23.17: «No tengas miedo, que mi padre no podrá atraparte. Tú vas a ser el rey de Israel, y yo seré tu segundo. Esto, hasta mi padre lo sabe». Él le estaba diciendo a David: «Yo te serviré. Te respaldo. Me alegro contigo en tu éxito. Tú tienes lo que era realmente mío, y lo que yo quería, pero Dios tenía otra cosa planeada. Que te vaya bien, amigo. Lo celebro contigo».

Cosas parecidas nos suceden a todos. Usted quiere ese ascenso en el trabajo, y otra persona lo obtiene. ¿Cuál debería ser su respuesta? «¡Felicidades!». Si había algo que usted estaba esperando conseguir, pero otra persona lo obtuvo: «Bien hecho». ¿Ha orado alguna vez por algo que quería desesperadamente, y estuvo esperando y esperando que Dios se lo entregase? ¿Y entonces vio a Dios responder a otra persona ese mismo tipo de oración? «Increíble. ¡Muy bien!». Alégrese con los que se alegran. En lugar de resentir sus bendiciones, celébrelas.

Cuidado con dónde pisa

Eclesiastés 6.9 dice: «Vale más lo visible que lo imaginario. Y también esto es absurdo; ¡es correr tras el viento!». Dios ha puesto bendiciones justamente delante de nosotros. Es fácil permitirnos imaginar, pero cuando permite que sus ojos se desvíen buscando otra cosa, bien podría estar corriendo tras el viento. Es mejor disfrutar de lo que Dios le ha dado que mirar alrededor para ver de quién es la hierba más verde. Es fácil buscar siempre más. A menos que tenga una cosa de todo lo que hay en el planeta, entonces siempre habrá alguien que tenga algo que usted no tiene. Lo de ellos puede que sea más nuevo; puede que sea más grande; puede que sea más brillante. Pero si usted observa eso, significa que está haciendo comparaciones. (Y ya hemos hablado de eso.) ¿Y qué de lo que Dios ya le ha dado? ¿Está agradecido por las cosas que usted sí tiene?

No me malentienda. No estoy diciendo que la hierba de otra persona no sea realmente más verde que la de usted. Puede que sí lo sea. Pero hay un principio importante en funcionamiento aquí: la hierba de otra persona puede que sea más verde que la de usted, pero desde donde usted está, puede que no sea capaz de ver toda la suciedad que hay en el otro lado. Hay personas que me han dicho anteriormente: «Craig, me gustaría tener la vida que usted tiene». Puedo entender eso. No hay duda de que yo tengo una vida estupenda. Pero tengo que decirle que suceden muchas cosas difíciles tras bambalinas. Hay mucha suciedad en mi patio, y no lo digo solo figuradamente. Yo tengo seis hijos. He cambiado más pañales sucios en uno de mis días que tres familias comunes. Los momentos difíciles están en todas partes.

Si la hierba es más verde en el patio de otra persona, quizá sea el momento de que usted riegue la suya. ¿Cuánto tiempo ha pasado desde que ha hecho inventario de lo que Dios le ha dado y ha dicho: «Padre, gracias»?

Yo solía tener un hábito realmente malo que ahora creo que era insultante para Dios. De hecho, para ser sincero, aún me tengo que esforzar para no hacerlo. Yo calificaba mi gratitud con un gran «pero». Si alguien decía: «Me gusta mucho tu casa», entonces yo decía algo parecido a lo siguiente: «Sí, es estupenda, realmente nos encanta, *pero* necesitamos remodelar la cocina». O si alguien me decía lo mucho que me apreciaba como su pastor, yo decía: «Me siento humillado, honrado y privilegiado de poder servir en el reino de Dios como mi trabajo, *pero* sin duda me gustaría no tener que trabajar los fines de semana». Ya sabe, con ese tono de broma con el que intentamos disfrazar la verdad.

Entonces el Espíritu de Dios comenzó realmente a darme convicción: necesitaba liberarme de mis grandes peros. «Estoy agradecido por la casa que Dios ha provisto para nosotros». Punto. «Estoy agradecido por lo que hago». Punto. Sinceramente le aliento a que haga lo mismo; libérese de sus grandes peros. Sea agradecido. Que no haya más peros. Acepte la bondad de Dios para usted: «Estén siempre alegres, oren sin cesar, den gracias a Dios en toda situación, porque esta es su voluntad para ustedes en Cristo Jesús» (1 Tesalonicenses 5.16–18). Si usted está en Cristo Jesús, ahí tiene su respuesta. Sea agradecido. Esté satisfecho. Esté contento en toda circunstancia.

El deseo de su corazón

Una manera de agradecer todo lo que tenemos es pasar tiempo con personas que estén verdaderamente agradecidas y gozosas con respecto a todo lo que tienen. Si ellos tienen menos que nosotros, eso puede ser muy humillante. Cuando yo llegué a ser pastor por primera vez, había una muchacha de seis años en nuestra iglesia que se estaba muriendo. No dejábamos de orar por ella, pero ella seguía empeorando.

Cerca del final, fui a visitar a esa preciosa niña al hospital. Los tratamientos que le habían dado le habían dejado sin su cabello, sin su color y sin fuerzas. Yo hice lo que hacen los pastores, hablando un poco con ella y con sus padres, intentando sonreír mucho y alentar sus espíritus, y orando con ellos. Pero me sentía indefenso. Finalmente dije: «Cariño, ¿qué quieres? Cualquier cosa. Solo ponle nombre. Si hay algo que yo pueda hacer por ti o que pueda conseguirte, por favor dímelo y será tuyo».

Por un momento, ella se me quedó mirando fijamente y no dijo nada, como si estuviera pensando profundamente. Mientras yo esperaba su respuesta, no podía evitar pensar en todas las cosas que ella podría haber estado soñando en las últimas semanas: ¿Jugar con otros niños? ¿Ir a ver una película con sus amigas? ¿Irse a casa? ¿Dar un paseo por el exterior?

Esa diminuta niña de seis años respiró profundamente y dio un suspiro. Entonces dijo: «Bueno, tengo aquí a mi mamá y mi papá. Tengo mis dos libros favoritos de pegatinas. Tengo mi muñeca, y tengo a Jesús en mi corazón. ¿Qué otra cosa podría querer una niña?».

Solamente unas semanas después, oficié el funeral de aquella niña. Pero aquel momento en el hospital lo recordaré mientras viva. No sé cuál es su historia, pero aquí está la mía: sirvo al Dios más grande, el creador y constructor del universo, y lo hago a tiempo completo. Amo y comparto esta verdad con las personas más estupendas, y ese es mi llamado. Tengo a mi mejor amiga, que también resulta ser mi esposa, quien ha sacrificado tanto de ella misma para darme seis hijos. Tengo los mejores amigos que un hombre jamás pudiera pedir. Tengo la mejor plantilla de personal trabajando en el reino de Dios en la actualidad. Y desde luego, tengo a Jesucristo, el Hijo del Dios todopoderoso, viviendo en mi interior. ¿Qué más podría querer nunca cualquier hombre?

Espero que usted pueda celebrar la bondad de Dios en las vidas de otros, que pueda aceptar la bondad de Dios hacia usted, y que nunca más vuelva a tener envidia.

Jesús es verdaderamente suficiente para el deseo de nuestro corazón.

7

Erupción de ira

Neutralizar el ácido del enojo

El enojo es un ácido que puede hacer más daño
al recipiente que lo contiene que a cualquier cosa
sobre la que sea derramado.
—Mark Twain

Amy y yo no vamos al cine con mucha frecuencia, así que cuando lo hacemos, realmente queremos disfrutar de la experiencia. Además de pasar ese tiempo a solas con mi esposa, quiero asegurarme de que aprovechemos bien el valor de nuestro dinero. Pero muchas otras personas parecen decididas a arruinar nuestra cita en el cine.

Amy y yo siempre determinamos llegar lo bastante temprano para poder conseguir los mejores asientos, de la mitad de la

sala hacia atrás y en la fila central. Todo el mundo sabe que el
medio es el mejor lugar donde sentarse para ver una película.
En las primeras filas, hay que estar con la cabeza levantada y
mirando la gran nariz de los actores. Muy lejos en la derecha o
en la izquierda es como intentar ver una película en los espejos
laterales de su auto.

Nos sentamos, quedando vacía toda la fila a ambos lados de
nosotros, y entonces inevitablemente llega un «invasor de espacio». Probablemente también usted haya experimentado alguno.
La persona que llega tarde camina directamente hasta la fila donde usted está, y después se deja caer en el asiento que está justamente al lado, quebrantando claramente la regla del asiento vacío:
«Si hay muchos asientos disponibles, deje un asiento vacío entre
usted y la persona que está a su lado». Si es usted un hombre, no
hay nada peor que otro hombre sentado a su lado. Todo el tiempo
están batallando sobre el territorio del reposabrazos; lo cual significa que a veces, habrá contacto de piel de hombre contra piel de
hombre. *Muy* mal.

Después está el «operador de centralita», que piensa que ver
una película presenta la oportunidad ideal para ponerse al día
de algunas llamadas telefónicas y mensajes de texto. Su teléfono
suena, ¡y esa persona realmente responde! Lo crea o no, he visto
a personas *hacer* una llamada telefónica mientras están sentadas
delante de una pantalla de cine. Yo no pagué veinte dólares para
que mi esposa y yo pudiéramos escuchar a otra persona decirle a
su mamá los resultados del trabajo de laboratorio de su gato.

Luego está el «comentarista». Al igual que un analista jugada a
jugada en un partido de fútbol, esta persona proporciona comentarios continuos (¡y preguntas!) durante toda la película. Nunca
se calla. Algunos comentaristas no tienen ni idea desde el principio de la película y nunca siguen el argumento. «Ahora, ¿quién es

ese hombre? ¿Qué tipo de auto es ese? ¿Qué dijo?». Y si no están haciendo preguntas de las que el resto de nosotros conocemos la respuesta, entonces están señalando lo que es obvio. «¡Así que ahí fue a parar el dinero! Sí, sabía que habría problemas cuando ella entró. Se podía ver que él no era realmente un ladrón».

Igual de malo es lo que yo denomino el «aguafiestas», quien tiene la capacidad de poder ver cinco minutos en el futuro. Peor aun, esa persona cree que es su responsabilidad asegurarse de que todo el mundo sepa que él o ella saben exactamente lo que va a suceder a continuación. «Ohhh, lo hizo. Ese es el tipo, ahí está. Apuesto a que estará en el tejado con un helicóptero. Sí, yo lo dije. Ella va a robar ese maletín, solo mira».

Puede usted reírse de mí por permitir que cosas tan pequeñas e insignificantes me molesten tanto. Incluso podría irritarle a usted que yo dé tanta importancia a cosas tan pequeñas. Pero ¿y usted? ¿Cuáles son las cosas que le irritan? ¿Cuáles son algunos de esos pequeños hábitos de otras personas que le hacen sentir ganas de empujarles por las escaleras en el centro comercial? Ahora bien, aquí tiene una pregunta aun mayor: ¿cómo trata usted su enojo diariamente? ¿O lo trata de alguna manera?

Infierno ardiente

Hay muchas cosas pequeñas que pueden llegar a irritarnos. Alguien se le pone delante inesperadamente en medio del tráfico. Alguien es grosero con usted, o habla de modo grosero a una persona que usted quiere. Alguien con quien usted habló hoy dijo algo realmente arrogante, como si pensara que tiene todas las respuestas. Su jefe se lleva el mérito por el mejor trabajo de usted, y entonces le culpa injustamente por un proyecto que él hizo que se retrasara. Podría ser que los otros miembros de su equipo de trabajo no hagan sus tareas. Su esposo deja la ropa interior en el piso. Su esposa aprieta el tubo de pasta de dientes desde el medio, arruinando todo el tubo en el proceso. Las cosas pequeñas pueden irritarnos.

Y hay más que suficientes cosas grandes para hacer que nuestra presión sanguínea suba como la espuma. Los desastres naturales pueden llevarse miles de vidas. La pobreza corre a sus anchas en muchas partes del mundo. Hay niños que se van a dormir por la noche con el estómago vacío, mientras que personas a unos pocos kilómetros de distancia tiran kilos y kilos de alimentos que no se han tocado de caros bufets. Muchachas y muchachos sufren abuso de parte de maestros, entrenadores e incluso familiares. Espectadores inocentes reciben disparos y mueren en el fuego cruzado de la guerra por la droga. Empresas explotan los recursos de la tierra por miles de millones de dólares y expulsan desechos tóxicos al terreno y a los mares. Personas son engañadas, secuestradas, se aprovechan de ellas, e incluso las venden como esclavos. Con todos nuestros avances en tecnología que encogen nuestro mundo hasta convertirlo en una comunidad global, ¡seguimos batallando contra traficantes de seres humanos en el siglo XXI! Y apenas estoy rascando la superficie de los graves errores de la justicia en nuestro mundo actualmente.

¿Le molestan esos problemas, le mantienen despierto algunas noches, le fuerzan a cambiar de canal o a salir de la habitación? ¿Qué es lo que realmente hace que le hierva la sangre? ¿Cuáles son las cosas que le carcomen, que le estresan, que le roban la paz y el gozo en la vida? ¿De dónde proviene este enojo? Y quizá más importante, ¿qué debemos hacer al respecto?

La Biblia tiene algunas cosas que decir sobre el enojo. En quince ocasiones diferentes, la Biblia menciona la palabra *enojo* y la palabra *fuego* en el mismo versículo. La comparación no es solamente dramática y colorida, sino también muy reveladora acerca de las cualidades de esta volátil emoción. El fuego es un regalo que puede sostener la vida. Cuando está contenido, cuando usted lo controla, cuando lo administra, el fuego puede calentarle. Puede cocinar con él. Puede utilizarlo para calentar agua para darse un baño caliente, o usarlo para encender velas o lámparas para iluminar las noches de oscuridad.

Sin embargo, cuando un fuego está fuera de control, puede destruirlo todo en su camino, consumiendo en solo unos momentos todo lo que hemos pasado una vida entera construyendo. Los incendios descontrolados pueden destruir miles de acres de arboleda, vida salvaje y recursos naturales. El fuego puede incluso llevarse vidas. Según datos recientes de los Centros para el Control y la Prevención de Enfermedades, las muertes relacionadas con el fuego en Estados Unidos se acercan como promedio a las tres mil cada año.

Al igual que el fuego, nuestro enojo puede utilizarse de modo constructivo o destructivo. Utilizado como un catalizador para la justicia y la búsqueda de la rectitud de Dios, el enojo puede limpiar, restaurar y unir. O si permitimos que nuestro enojo se descontrole en conjunto con nuestros deseos, frustraciones y lamentos, puede conducirnos a hacer daño a otros y a nosotros mismos. Nuestro enojo puede reflejar el carácter de Dios o puede distanciarnos de él. Puede invitar al Espíritu de Dios a nuestra vida para examinar una dura verdad, o puede convertirse en una invitación abierta a un huésped no bienvenido.

Su huésped no bienvenido

¿Cuándo fue la última vez que usted invitó al diablo a su corazón para que se quedase a dormir? ¿Extraña pregunta? No si consideramos Efesios 4.26-27: «"Si se enojan, no pequen". No dejen que el sol se ponga estando aún enojados, ni den cabida al diablo». La advertencia de apertura, «Si se enojan, no pequen», viene del salmo 4.4. Es importante notar que este versículo nos dice que el enojo en sí mismo no es pecado.

Repito: al igual que el fuego, hay dos tipos de enojo. El primero, el tipo «bueno», es lo que podríamos llamar enojo santificado o justo. Es la potente emoción que experimentamos cuando nos molestamos por algo que es una afrenta para Dios, algo que se opone a su verdad. Este tipo de enojo nos conduce a una reacción justa. Adoptamos una postura, declaramos la verdad y expresamos el problema de una manera que representa de modo preciso el corazón de Dios.

El tipo «malo» de enojo, por otro lado, normalmente resulta cuando perdemos el control de nuestras emociones y tomamos en nuestras propias manos los problemas. El enojo pecaminoso es enojarse por algo, quizá incluso algo legítimo, algo que también hace enojar a Dios, pero entonces permitir que ese enojo nos conduzca a hacer algo equivocado.

La segunda parte del versículo de Efesios dice: «No dejen que el sol se ponga estando aún enojados». Si está usted enojado, debería tratarlo. ¿Por qué? Porque la Biblia nos dice lo que sucede si *nos vamos* a la cama enojados: damos cabida al diablo. La palabra griega para cabida es *topos*, que literalmente significa «oportunidad» o «situación». Es un territorio ocupado. Si usted abre la puerta al diablo mediante su enojo, le está ofreciendo un cuarto para invitados dentro de su corazón. ¡Eso sí es dormir con el enemigo!

Y sin embargo, la Escritura está llena de ejemplos de personas que permitieron al enemigo establecer campamento en sus corazones. En anteriores capítulos ya hemos visto la primera rivalidad entre hermanos registrada, entre los hijos de Adán y Eva: Caín y Abel. Los dos hicieron ofrendas a Dios. Dios aceptó el sacrificio de Abel porque él lo hizo exactamente como Dios había indicado; pero Dios no aceptó el de Caín porque Caín decidió hacerlo a su propia manera. Cuando Dios rechazó lo que Caín le llevó, Caín se enojó mucho; abrió la puerta y permitió que el diablo entrase. Consideremos lo que Dios le dijo a Caín: «¿Por qué estás tan enojado? ¿Por qué andas cabizbajo? Si hicieras lo bueno, podrías andar con la frente en alto. Pero si haces lo malo, el pecado te acecha, como una fiera lista para atraparte. No obstante, tú puedes dominarlo» (Génesis 4.6–7).

Usted ya conoce el resto de la historia. Caín permitió que su enojo se apoderase de él, y asesinó a su hermano Abel. Dios advirtió a Caín que el pecado le acechaba, pero en lugar de cerrar la puerta de su corazón y ponerle un obstáculo, Caín la abrió de par en par y permitió la ocupación del enemigo. Al permitir que su enojo le dominase, su falta de freno le condujo directamente al pecado. Y no solo a cualquier pecado, sino a quitar una vida humana.

Es de esperar que usted nunca haya permitido que su enojo llegue hasta el punto de ebullición de quitar la vida a alguien. Sin embargo, si usted le ha dado a su enojo rienda suelta lo suficiente incluso para desear que otra persona estuviera muerta, entonces, ante los ojos de Dios, es usted tan culpable como Caín. En su Sermón del Monte, Jesús explicó: «Ustedes han oído que se dijo a sus antepasados: "No mates, y todo el que mate quedará sujeto al juicio del tribunal". Pero yo les digo que todo el que se enoje con su hermano quedará sujeto al juicio del tribunal. Es más, cualquiera que insulte a su hermano quedará sujeto al juicio del Consejo. Pero cualquiera que lo maldiga quedará sujeto al juicio del infierno» (Mateo 5.21–22).

Cuando pienso en lo fácilmente que me enojo, mi corazón se hunde. Jesús dijo que no tenemos que asesinar a alguien para ser culpables de matarlo con nuestros pensamientos. Él dice que incluso si le insultamos, estamos poniendo en peligro nuestra alma. Si soy sincero, sé que los términos que he pensado, e incluso he dicho, cuando estaba furioso con alguien son muy insultantes. Sí, la Palabra de Dios es muy clara en que si no controlamos nuestro enojo, él nos controlará a nosotros.

Manejo del enojo

¿Cómo se manifiesta normalmente su enojo? ¿Cuál es su estilo por defecto del manejo del conflicto? La mayoría de nosotros expresamos nuestro enojo en una de dos maneras, ya sea como un gatillo o como una olla de cocción lenta. Quienes «escupen» no tienen problema alguno con expresar abiertamente su enojo. Alguien que escupe tiene una reacción corta y mucho carácter. Si es usted así, cuando se enoja, todos los que le rodean lo saben. Quizá usted lo racionaliza. Es como si a veces las cosas solamente se acumularan en el interior, y usted necesita abrir esa válvula y dejar salir parte del vapor.

Considere lo que la Biblia dice acerca de este enfoque para manejar el enojo en Proverbios 14.17: «El iracundo comete locuras, pero el prudente sabe aguantar». Proverbios 29.11 dice lo mismo pero de otro modo: «El necio da rienda suelta a su ira». Por tanto, solo para ser claro, si usted desahoga su ira, la Biblia dice que es un necio. Afortunadamente, la segunda parte del versículo 11 nos da la alternativa: «el sabio sabe dominarla».

Hace años, yo tenía la reputación de ser un poco rápido en enojarme. Y a decir verdad, me había ganado ese título. En una ocasión fui a almorzar con un grupo de pastores de nuestra plantilla de personal y varias de sus esposas. Habíamos estado pasando un tiempo estupendo juntos, cuando uno de los pastores, Sam, que es un buen amigo mío, tuvo que irse temprano porque tenía una reunión en la tarde. Su esposa, Jayme, se quedó con el resto de nosotros mientras terminábamos el almuerzo. Después, mientras todos salíamos juntos del restaurante, pasó por nuestro lado una camioneta con tres hombres dentro y las ventanillas bajadas. Cuando pasaron a nuestro lado en el estacionamiento, gritaron algunos comentarios obscenos a Jayme.

Como Sam no estaba allí para defender a su esposa, y porque él es un buen amigo, yo hice lo que tenía que hacer, lo único sensato que podía hacer, lo que cualquiera de nosotros habría hecho: los perseguí corriendo con una ira ciega. Es cierto. Afortunadamente, los otros pastores que estaban conmigo eran hombres más mayores, más sabios y más maduros que yo. Jerry, que es unos años mayor, salió corriendo detrás de mí (no sé si estaba planeando intentar detenerme o respaldarme). Pero Kevin, que es más mayor que Jerry o que yo, fue el más sabio de todos. Salió corriendo en la dirección opuesta, directamente hasta la camioneta de nuestra iglesia. Se metió en ella, la arrancó, recogió a las señoras y salió a buscarnos.

En ese momento, yo ya había hecho que los hombres que iban en la camioneta se detuvieran. Me sitúe de modo amenazante cerca de la ventanilla abierta del conductor, los miré para asegurarme de que ellos no asistían a nuestra iglesia, y entonces les lancé un estallido verbal. Jerry llegó hasta donde yo estaba a pie a la vez que Kevin llegó con la camioneta. Con una maniobra impecablemente ejecutada, Kevin se puso a nuestra altura, Jerry me agarró y por la puerta abierta de la camioneta me metió en ella, y escapamos, todo ello en un fluido movimiento que habría hecho enorgullecerse a Jason Bourne.

Si puede usted identificarse con mi explosión, si mira alrededor y ve un sustancial daño colateral tras la estela de su ira, entonces es usted un escupidor como yo. O como la Biblia nos llama: necios.

Quemadura lenta

No está exento, sin embargo, si se está felicitando porque no es un necio. El otro modo en que muchas personas tratan su enojo es sencillamente guardándolo; yo les denomino «cocederos». Puede que usted no explote y tenga un arrebato, pero su enojo sigue estando ahí. En lugar de un volcán que hace erupción, usted es más parecido a un incendio que se oculta por debajo de la superficie después de que golpea un rayo. Las chispas de su enojo salen cuando usted frunce el ceño o es sarcástico. Usted guarda rencor y busca la oportunidad de vengarse. Quizá sea demasiado crítico como resultado de los rescoldos de enojo que arden lentamente.

David, en el Antiguo Testamento, era un cocedero frecuente. Salmos 32.3 registra un tiempo en que David estaba realmente molesto y se lo guardaba: «Mientras guardé silencio, mis huesos se fueron consumiendo por mi gemir de todo el día». David lo embotelló, como muchos de nosotros hacemos. Nos molestamos, y en lugar de hablar las cosas de manera saludable, las echamos en nuestra olla interior y las cocinamos a presión.

Sin duda, por fuera podría parecer que usted está bajo control, pero por debajo de la superficie está ardiendo, acumulando calor que podría hacer erupción en cualquier momento. Los cocederos practican lo contrario al amor. El pasaje de 1 Corintios 13.5 dice que el amor: «No se comporta con rudeza, no es egoísta, no se enoja fácilmente, no guarda rencor». Pero quienes guardan mantienen una lista de ofensas: «Ella hizo esto... él hizo aquello... Nunca les perdonaré por...». Cuecen, cuecen, y siguen cociendo las maneras en que otros les han ofendido. Sea que se sirva frío o caliente, el cocido de enojo es un plato venenoso, un carcinógeno que producirá un cáncer en su interior.

En la historia del hijo pródigo, puede que recuerde que el hermano menor dijo: «Papá, dame todas mis cosas» (estoy parafraseando; véase Lucas 15.12). Su padre le entregó su herencia, y él se fue para celebrarlo a lo grande, haciendo rodar su dinero con mayor rapidez que alguien que va por primera vez a Las Vegas. Cuando finalmente regresó a su casa, con las manos vacías y avergonzado, todos quedaron sorprendidos cuando su padre le mostró su amor abiertamente y volvió a recibirle en su casa. Y no solo le recibió, sino que también hizo una gran fiesta para él. Sin embargo, cuando el hermano mayor se enteró de lo que estaba sucediendo, se enojó tanto que ni siquiera quería entrar en la casa. Escupiendo y recorriendo enojado la casa, el hermano mayor finalmente explotó cuando su padre se acercó para hablar con él: «Yo he cumplido todas tus estúpidas normas. He trabajado como un perro para ti y siempre he hecho todo lo que me has pedido. ¡Tú nunca me diste una fiesta! ¡No es justo!» (de nuevo, paráfrasis mía; véase Lucas 15.29–30). Sin duda, el hermano mayor era un clásico cocedero.

Extintor de incendios

Independientemente de si somos alguien que escupe o que cuece, probablemente terminemos en la cloaca a menos que aprendamos a controlar nuestra respuesta a nuestro enojo y expresarlo productivamente. Si usted sabe que su enojo va a conducirle a pecar, ya sea en el interior de su corazón o con su conducta exterior, entonces debe hacer buen uso de un extintor de incendios. Pida a Dios que apague ese fuego con su Espíritu. Proverbios 17.14 dice: «Iniciar una pelea es romper una represa; vale más retirarse que comenzarla». Apague su fuego antes de que esa represa se rompa y le arrastre. Suéltelo. Déjelo ir.

Aunque apagar el fuego pudiera parecer imposible, es una decisión. Usted puede controlarlo. Antes de que comience a decirme que ser iracundo es simplemente parte de su personalidad, piense en lo siguiente. Quizá haya visto alguna vez a alguien (o incluso sea usted esa persona) que tiene un arrebato de enojo cuando suena el teléfono. La persona responde: «¿Hola? Ah, ¿cómo estás? Sí, las cosas van bien. Vaya; eso es estupendo. Gloria a Dios. Claro. He estado orando por ti. Muy bien. Vamos a reunirnos. Haremos eso. Claro que sí. Bendiciones. Adiós». Entonces cuelga el teléfono y sigue: «Bueno, ¿dónde estaba yo? Ah, sí...», y entonces vuelve a sus gritos de enojo justamente donde lo dejó. Por divertido que pueda parecer, es clara evidencia de que podemos controlar nuestro enojo tomando las decisiones correctas.

Le desafío a que comience a practicar hoy mismo este tipo de autocontrol. Quizá está usted esperando, y la persona a la que espera llega tarde: otra vez. Déjelo. Que nadie va a morir si llega tarde. O quizá alguien llenó mal el lavavajillas. En lugar de enojarse, déjelo estar. Alabe a Dios porque al menos esa persona lo intentó. Quizá haya un compañero de trabajo que no deja de irritarle. Deténgase y piense en que Dios ama a esa persona tanto como le ama a usted.

Sencillamente no vale la pena enojarse por algunas cosas (muchas cosas, como al final resulta). Santiago 1.19–20 dice: «Mis queridos hermanos, tengan presente esto: Todos deben estar listos para escuchar, y ser lentos para hablar y para enojarse; pues la ira humana no produce la vida justa que Dios quiere». Por tanto, hay básicamente tres cosas que podemos hacer. En orden:

1. Escuchar.
2. Tomar algún tiempo para procesar antes de hablar.
3. No pasar directamente a estar enojados.

A mí me ha tomado años llegar a ser lento para enojarme, y lo atribuyo a dos cosas. En primer lugar, me he sometido coherentemente a la verdad de que mi enojo no cumplirá lo que Dios desea: su justicia. Quiero ser el hombre que Dios desea que yo sea. Por completo. En segundo lugar, Dios ha honrado ese compromiso. Él está en el proceso de hacerme más semejante a sí mismo. Varios libros distintos de la Biblia mencionan el mismo atributo del carácter de Dios. ¿Sabe cuál es? Siete escritores diferentes observaron que Dios es «lento para la ira» y «abundante en amor».

Con la ayuda de Él, yo estoy llegando a ser lento para la ira y abundante en amor. Y no soy el único que lo cree. Hace mucho tiempo estábamos buscando un asistente para mí. Uno de los desafíos para cubrir ese puesto es que muchas personas me ven con lentes de color de rosa como «el pastor Craig», el hombre estupendo que siempre es piadoso, gozoso, compasivo y amoroso. Por tanto, a los solicitantes les resultaba difícil pensar en mí como el «Craig común y normal», su jefe que tiene días buenos y días malos como todo el mundo.

Por tanto, todo nuestro equipo ejecutivo entrevistó a cada finalista. Cuando estábamos reunidos con Sarah, la mujer que escogimos finalmente, uno de mis colegas le preguntó: «¿Cree usted que podría manejar a Craig si él se enojase?».

Bueno, yo quedé inmediatamente ofendido. «Yo no me enojo», dije.

Otro miembro del equipo dijo: «Sí, sí que te enojas», mientras los demás se reían disimuladamente.

Y yo dije: «¡Bueno! A veces tratamos cosas intensas aquí, pero no llega a tanto».

Sarah me miró con los ojos entrecerrados. «Sí, lo entiendo. No hay problema».

Otro de los miembros de la plantilla miró al techo y preguntó: «¿Y si, Craig, oh, no sé, digamos... lanzase una pluma?».

«¡Un momento! ¡Eso sucedió una sola vez! ¡Solo una! ¿Alguna vez van a dejarme superar eso?».

A medida que sus preguntas seguían esa misma línea, yo podía sentir que mi temperatura aumentaba.

Yo seguía interrumpiendo: «¡Yo no me enojo tanto!».

Todos ellos sonreían y asentían con la cabeza. «Sí que lo haces».

«¡No, no lo hago!». No podía evitar levantar un poco mi voz.

Uno de ellos miró a Sarah y dijo: «¿Lo ve?».

«Es que esto no es justo», dije yo con tanta mansedumbre como pude.

Después de que Sarah hubiera trabajado conmigo por varios años, yo estaba preparando un mensaje sobre el enojo. Estábamos hablando de algunos de los puntos de mi bosquejo cuando ella se detuvo y dijo: «Mira, Craig, no puedo recordar la última vez que te he visto enojado. Han pasado años».

¡Ese fue el mayor cumplido que ella pudo hacerme! Poner riendas a su enojo, y cambiar su reputación, es posible. Si su enojo está envenenando su vida, pida a Dios paciencia y sabiduría para ayudarle. Si es un enojo pecaminoso, pida a Dios que lo quite. Deje de poner excusas. Él quiere hacerle más semejante a sí mismo.

Encendido

El otro tipo de enojo, al que llamo enojo santificado, requiere una respuesta diferente. La Escritura ofrece varios ejemplos de Jesús enojado, pero Él nunca pecó. El suyo era un enojo justo. Una de mis favoritas es una historia en Marcos 3.1-6 sobre un hombre que tenía una mano seca. Resultó que ese hombre estaba en la sinagoga el día de reposo. Los fariseos también estaban allí, observando a Jesús para ver si se atrevería a sanar a alguien en el día de reposo.

Parece que ellos consideraban que hacer milagros en su día santo era un pecado monumental. Jesús parecía saber lo que ellos pensaban. En el versículo 4 les preguntó: «¿Qué está permitido en sábado: hacer el bien o hacer el mal, salvar una vida o matar?». Pero ellos se negaron a responder. El versículo 5 dice: «Jesús se les quedó mirando, *enojado y entristecido* por la dureza de su corazón» (énfasis del autor). Jesús estaba furioso; estaba enojado. Lo único que quería era demostrar el amor de Dios a las personas que tenían necesidad, pero sus detractores observaban cada uno de sus movimientos, totalmente resueltos a mantener la libertad de Dios fuera de su templo.

Si yo tuviera el poder de Jesús, no sé si podría haber sido tan amable. Puede que hubiese levantado mis manos, y ¡*bum*!, todos ellos tendrían hemorroides. Bueno, quizá sea solo yo. Y eso sería permitir que mi enojo me conduzca al pecado. En cambio, Jesús «le dijo al hombre: —Extiende la mano. La extendió, y la mano le quedó restablecida» (Marcos 3.5). En lugar de permitir que su enojo le hiciera pecar, Jesús redirigió su enojo para hacer algo recto.

Está bien estar enojado. Puede usted estar enojado y no pecar. Permita que el Espíritu de Dios avive esa llama. ¿Está batallando su matrimonio? Enójese. No con su cónyuge; enójese con el maligno que ha trasladado sus cosas a la casa de usted. Avísele. Expúlsele. ¿Está cansado de ver enfermedad, pobreza y crueldad, quizá en otro país, quizá incluso en su propia ciudad? Avive esa llama. Póngale gasolina. Enójese. Haga algo recto al respecto.

¿Ama a alguien que se está revolcando en la autodestrucción, tomando una mala decisión tras otra? Enójese. Acérquese a esa persona con todas sus fuerzas. ¿Batalla usted con el enojo pecaminoso? ¡Enójese con eso! Atáquelo con una ira recta. Convierta su poder en un enojo recto que comience a cumplir la voluntad de Dios para su vida. Enójese con las cosas que enojan a Dios.

¿Quién está a cargo en su vida? El pecado acecha en su puerta. No permita más que su enojo que salta le diga lo que tiene que hacer. Sea sabio. No le dé a su enemigo ni siquiera un palmo de terreno que pisar, ni siquiera un nanómetro. No haga erupción como un volcán. Perseguir autos en estacionamientos no logrará la justicia que Dios desea. No cueza las cosas. El amor no guarda rencor.

En cambio, pase tiempo a solas con Dios, en oración y en su Palabra, y aprenda qué cosas le hacen enojar a Él. Entonces, cuando sienta que su pulso comienza a acelerarse, su temperatura comienza a aumentar, las venas de su cuello comienzan a abultarse, pregúntese: ¿a dónde conduce esto? Si es hacia el pecado, apáguelo. Déjelo. Pero si es hacia la justicia, avive la llama. Invite a que Dios le haga más semejante a sí mismo; y entonces permítale que lo haga.

8

Contaminación que asusta

Abrir la llave del temor

Nunca he conocido más de quince minutos de ansiedad o de temor. Cuando siento emociones de temor que se apoderan de mí, simplemente cierro mis ojos y doy gracias a Dios porque Él sigue estando en el trono, reinando sobre todo, y me consuelo en el control de Él sobre los asuntos de mi vida.
—John Wesley

Cuando mi hermana Lisa era pequeña, tenía el temor más irracional. Antes de irse a la cama cada noche, tenía que asegurarse de que la puerta de su armario estuviera totalmente cerrada; me refiero a cerrada por completo, quizá incluso con una silla y algunos juguetes delante de la puerta. Si la puerta de su armario estaba ligeramente abierta, aunque fuese medio centímetro, ella creía que cualquier cosa que estuviera dentro (¿su ropa? ¿cien lazos para el cabello? ¿sus muñecas Barbie?) podría salir y agarrarla. Por el motivo que fuese, ella estaba convencida de que mientras la puerta de ese armario estuviera cerrada, ella estaría a salvo.

Desde luego, cuando yo era pequeño nunca tenía temores tan tontos como ese; los míos eran perfectamente razonables. Por ejemplo, sabía que cuando uno se mete en la cama, nunca debería dejar fuera de las sábanas una mano o un pie colgando por el borde. ¡No hay manera más segura de ser arrastrado por cualquier criatura malvada que se esconda debajo de la cama en la noche! Y desde luego, la única manera de evitar que te agarren cuando te estás metiendo en la cama es agarrar carrerilla y saltar. También está ese inevitable viaje al cuarto de baño en mitad de la noche, cuando hay que levantarse y salir de un buen salto del colchón para asegurarse de eliminarlas.

¿A qué tenía usted miedo de pequeño? ¿A la oscuridad? ¿A las tormentas? ¿A cruzar puentes? ¿A las arañas? (Sé que muchas personas siguen teniendo miedo a las arañas incluso como adultas.) ¿A las cortinas del baño? Hasta la fecha, sigo sin poder soportar ver cerrada una cortina del baño; incluso la empresaria Martha Stewart dice que deben estar corridas en un lado (ella dice a la izquierda, y yo digo a la derecha) con una visibilidad clara y completa de la bañera. ¿Qué? ¿Es que nunca vio *Psicosis*? ¿O una docena de otras películas de miedo? Todo el mundo sabe que el loco asesino/zombi/vampiro/asesino del hacha/horrible secuestrador siempre se esconde en la bañera.

Los cuatro no tan fantásticos

Con frecuencia miramos atrás y nos reímos de nuestros miedos de la niñez, pero la mayoría de nosotros seguimos batallando cada día con varios temores muy de adultos: perder nuestro trabajo, ponernos enfermos, quedarnos sin dinero, quedar en bancarrota, el divorcio, ser traicionados por aquellos a quienes queremos. Cuanto más temor permitamos que haya en nuestra vida, más batallamos por crecer espiritualmente. Es como intentar plantar un manzano en el centro de la ciudad de Los Ángeles. La contaminación y la polución del aire robarán a las ramas el precioso oxígeno que necesitan y contaminarán su suministro de agua. El temor nos envenena un poco cada día si no nos enfrentamos a él de cabeza y anulamos su poder.

Es interesante que cuando los bebés humanos nacemos, solo tenemos dos temores naturales: el temor a caernos y el temor a los ruidos fuertes. Eso significa que todas las otras cosas a las que tenemos miedo son temores aprendidos, temores que hemos acumulado, principalmente mediante la experiencia. Al igual que una mochila a nuestra espalda que acumula carga hasta el tamaño de un contenedor de basura, nuestros temores nos aplastan y evitan que viajemos por la vida con velocidad y gracia. Generalmente, la mayoría de nuestros temores adultos encajan en cuatro categorías.

1. Temor a la pérdida

Uno de nuestros temores humanos básicos, el temor a la pérdida, puede adoptar muchas formas. Si está usted casado, pensamientos de perder a su cónyuge pueden ser depredadores de su paz mental. Casi cada padre al que conozco en algún momento ha tratado el temor a perder a un hijo, o al menos el temor a que algo malo le suceda a uno de sus hijos.

Desde luego, algunas personas tienen temor a la pérdida económica, ya sea por un trabajo perdido o por una inversión fallida. Otros temen perder el control; que si no pueden vigilarlo todo (y a todos) y mantener sus platos girando del modo en que ellos quieren que giren, su mundo se derrumbará.

¿Qué es para usted? ¿Qué ha tenido miedo a perder anteriormente? ¿Qué tiene más miedo a perder en este momento?

2. Temor al fracaso

Otro temor común es el temor al fracaso. Para ser sincero, pensamientos de fracaso probablemente sean los que más me inundan. A veces me encuentro preocupándome de no estar a la altura de las demandas de una meta que tengo delante de mí. Tengo temor a no tener lo que se necesita para llevarla a cabo.

A muchas personas les gustaría abordar algún desafío, especialmente una nueva aventura con la que siempre han soñado, pero tienen temor a no tener éxito (o al menos lo que ellos consideran que es éxito). Quizá usted haya querido comenzar su propio negocio, pero entonces pensó: «No sé lo que estoy haciendo; esto será como tirar el dinero por la cloaca». Quizá haya sentido una carga por comenzar un ministerio en un ámbito que realmente le apasiona; pero no puede evitar pensar: «Sencillamente no creo que sea lo bastante bueno para hacerlo». El temor al fracaso puede paralizarnos para que no comencemos ninguna nueva empresa: lanzar un negocio, regresar a los estudios, perseguir una relación, o incluso acercarnos a alguien con una llamada telefónica. Usted no está seguro de si será capaz de hacerlo, y por eso nunca lo intenta. Ese es el poder del tóxico temor al fracaso.

¿En qué tiene temor a fracasar?

3. Temor al rechazo

Muchos de nosotros tenemos temor al rechazo y el abandono. He conocido a hombres perfectamente decentes que querían pedir a una mujer que saliera con ellos pero dudaban porque pensaban:

«Pero ¿por qué una mujer como esa querría salir con un hombre como yo?». He conocido a personas casadas que vivían con el constante temor a que su cónyuge fuese a abandonarlos.

Otras personas están totalmente controladas por una mentalidad de agradar a las personas que está anclada en un temor al rechazo. Quieren que todo el mundo les acepte, y por eso se preguntan: «¿Le gustará a ella este peinado? ¿Qué pensará él si no estoy de acuerdo con este trato? Será mejor que me vaya, o no les gustaré. No quiero molestar a nadie si no tengo que hacerlo».

¿Tiene alguna vez temor a que a las personas no les guste como usted es?

4. Temor a lo desconocido

Finalmente, la mayoría de nosotros aborrecemos no saber lo que hay por delante. Muchas personas no pueden evitar preguntarse cosas como: «¿Y si me pongo enfermo con una grave enfermedad? ¿O si eso le sucede a alguien a quien quiero?». Se preocupan por cosas que ellos no pueden controlar: «¿Y si pierdo mi trabajo? ¿Qué va a suceder en el futuro? ¿Y si nadie nunca me ama de verdad?».

¿Qué tiene temor a conocer? ¿Qué le gustaría no conocer?

(((

Cuando usted sienta temor, necesita reconocer esta verdad: nuestro Padre que todo lo sabe, que siempre está presente y que todo lo puede no nos da temor. «Pues Dios no nos ha dado un espíritu de timidez, sino de poder, de amor y de dominio propio» (2 Timoteo 1.7). ¿Por qué entonces tantos de nosotros nos encontramos consumidos por el temor, cuando está claro que lo que Dios nos ha dado es poder, amor y dominio propio?

Si usted está siempre preocupado, siempre ansioso, siempre abrumado y viviendo paralizado, entonces necesita entender esta importante verdad. El temor viene de nuestro enemigo. Él nos lanza bombas de humo constantemente, esperando cada vez que las confundamos con una granada. Si su vida está contaminada por el temor, es momento de limpiar el humo y respirar profundamente aire limpio.

Imaginaciones que se descontrolan

Las personas frecuentemente dicen que el temor es lo contrario a la fe, pero respetuosamente yo estoy en desacuerdo. Tal como yo lo veo, el temor realmente se apoya en la fe; sencillamente es *fe en las cosas equivocadas*. Temor es poner su fe en el «y si...» en lugar de hacerlo en «Dios es». Es permitir que su imaginación recorra un oscuro callejón de posibilidades y que sea asaltada cada dos pasos. Casi todo el mundo que se permite ser secuestrado por lo que podría ser descubre que lo único que le ata es su propia imaginación.

¿Sabe quién batallaba realmente con esto? Moisés. En el Antiguo Testamento, cuando Dios se apareció por primera vez a Moisés llamándole a sacar al pueblo hebreo de la esclavitud a los egipcios, escogió hacerlo hablando desde una zarza ardiente. Ahora bien, eso probablemente captaría la atención de la mayoría de las personas. Y sin embargo, después de ese encuentro vemos a Moisés que inmediatamente comienza a jugar al «y si...» con Dios.

En Éxodo 3, Dios revela a Moisés todo su plan y el papel que desempeñará Moisés en él, incluso asegurándole que Dios mismo estará con él. Entonces, en el capítulo siguiente, en Éxodo 4.1, Moisés responde preguntando a Dios: «¿Y qué hago si no me creen ni me hacen caso? ¿Qué hago si me dicen: "El Señor no se te ha aparecido"?». Ese es el mismo juego que la mayoría de nosotros jugamos, especialmente cuando Dios nos llama porque quiere usar nuestras vidas para hacer algo significativo.

En lugar de considerar que Dios sabe lo que hace y confiar en Él, inmediatamente sacamos una larga lista de «y si...». «Suena bien, Señor, pero ¿y si no puedo hacerlo? ¿Y si la economía retrocede? ¿Y si pierdo mi trabajo? ¿Y si me pongo enfermo? ¿Y si mi cónyuge me engaña? ¿Y si mis hijos resultan dañados? ¿Y si tenemos un accidente de tráfico? ¿Y si nunca llego a casarme? ¿Y si llego a casarme, pero es con un idiota? ¿Y si no podemos tener hijos? ¿Y si tenemos demasiados hijos? ¿Y si nuestra gata se queda preñada... otra vez?». Hay sencillamente demasiadas cosas malas que podrían suceder en la vida. Parece que pasamos una inmensa cantidad de tiempo pensando en una lista de todo lo que podría ir mal, en lugar de utilizar mejor esa misma energía para pedir a Dios pasos que podríamos dar y que nos ayudarán a participar de modo significativo en lo que Él está haciendo.

Sin embargo, los supuestos que usted piensa sí importan. De hecho, si usted se detiene y los analiza, normalmente puede obtener cierta perspectiva vital. Lo primero es que *lo que revela su temor es lo que usted más valora*. Examinar lo que usted teme puede iluminar sus prioridades, las cuales siempre es bueno conocer. Por ejemplo, si tiene temor a perder su matrimonio, eso demuestra que realmente valora su compromiso en su matrimonio. Si tiene temor a que algo malo pueda sucederles a sus hijos, eso demuestra que realmente valora a sus hijos. Si tiene temor a perder su trabajo o a perder su dinero, usted valora la seguridad y la estabilidad financiera. Aunque ninguna de ellas es una cosa inherentemente mala que valorar, centrarse de manera negativa en cualquiera de ellas puede conducirle a un sendero venenoso de preocupación en lugar de conducirle a la acción positiva.

Cuando usted tiene temor persistente en un área dada de su vida, eso puede ser un indicador de que no está dependiendo de Dios para que Él se ocupe. En otras palabras, *lo que usted teme revela en qué confía menos en Dios*. Y esto normalmente significa que tampoco le está pidiendo dirección a Él en esa área. Digamos que usted se preocupa constantemente por su matrimonio. ¿Le ha pedido a Dios que mejore su matrimonio, y después ha confiado en que Él realmente lo hará? Si usted ora, pero sigue preocupándose al respecto, sus acciones están comunicando: «Claro que he orado, pero eso no es suficiente. No necesito que Dios intervenga en esto tanto como Él necesita que intervenga yo».

O si se preocupa de que algo malo pudiera sucederles a sus hijos, esencialmente le dice a Dios: «En realidad no creo que tú seas suficientemente bueno. No creo que tu plan y tus propósitos se producirán para mis hijos. Por eso, por mi parte, voy a contribuir al preocuparme». Si se preocupa constantemente por la estabilidad económica, entonces sus acciones están diciendo: «Dios, en realidad no confío en que tú proveas para mí».

De hecho, en Mateo 6.27 Jesús deja claro cuánto bien nos hace toda nuestra ansiedad: «¿Quién de ustedes, por mucho que se preocupe, puede añadir una sola hora al curso de su vida?». Obviamente, la respuesta es nadie. Entonces, ¿por qué lo hacemos? Porque tenemos temor a confiar en Dios en cada área y cada hora de nuestras vidas. Porque anticipar lo peor nos permite creer que tenemos cierta semejanza de control; no nos sorprenderemos cuando suceda algo terrible porque ya lo hemos imaginado y nos hemos preparado de antemano.

Por tanto, ¿cómo encontramos la salida? Creo que tenemos que afrontar nuestros mayores temores a fin de alcanzar nuestro mayor potencial. Y el único modo de hacerlo es permitir que Dios nos dirija.

Lejos para bien

Mi esposa y yo experimentamos esto de primera mano. Hace un poco más de diez años, Amy estaba teniendo niños como si fuera un cocinero que saca tortitas para los clientes durante la hora punta en la mañana. Parecía que ella constantemente tenía bebés. ¡Solo nos mirábamos el uno al otro y ella se quedaba embarazada! Aunque estábamos agradecidos por cada nueva adición a nuestra familia, cada uno se cobró un precio. Todos esos hijos en un periodo tan corto de tiempo, uno tras otro, demostraron causar un gran impacto en su cuerpo. Poco después Amy comenzó a afrontar algunos inquietantes e importantes problemas de salud de modo continuado.

Amy comenzó a experimentar que cada vez con más frecuencia se le dormía un lado de su cuerpo. Tenía muchas náuseas, un dolor casi constante, y estaba bastante débil gran parte del tiempo. Visitamos a un médico tras otro... tras otro... tras otro... tras otro... tras otro. Incluso después de lo que parecieron cientos de pruebas y análisis, nadie fue capaz de diagnosticar su enfermedad. Peor aun, nadie pudo ofrecernos ninguna sugerencia de tratamiento para mejorar. Su enfermedad se agravaba aun más por el temor que nos causaba a los dos.

Durante meses, cada noche clamábamos a Dios juntos antes de irnos a la cama. Su enfermedad seguía empeorando, y algunas noches Amy sinceramente no creía que se despertaría a la mañana siguiente. Con su cuerpo retorcido de dolor, mi esposa me decía que me quería y repasaba lo que quería que yo hiciera por los niños si la perdíamos en algún momento durante la noche. Era así de intenso. Convencida de que se estaba muriendo, con la esperanza más débil porque ningún médico podía decirnos lo que estaba sucediendo, ella y yo pasábamos aquellas noches en constante temor. Cada día que ella se despertaba era como un regalo para nosotros, un día más con su familia, un día más para la esperanza de obtener alivio.

Sin ningún otro lugar donde acudir, Amy seguía acudiendo a Dios. Ella le buscaba continuamente mediante su Palabra; tenía su Biblia abierta durante todo el tiempo, estudiándola como si su vida misma dependiera de ello, y oraba sin cesar. Ella clamaba a Dios, diciéndole a lo que tenía temor y pidiéndole respuestas. Le pedía que le mostrase lo que ella podía hacer, lo que *debía* hacer. Ella oraba las palabras que encontraba en las Escrituras. Organizó un tipo de sistema de oración de intercambio, en el que decía a las personas cosas por las que necesitaba oración, y ella oraba por las necesidades de ellas. Les pedía a ciertas personas que Dios ponía en su corazón que orasen por cosas muy específicas y enfocadas por ella. Cada momento en que estaba despierta, Amy seguía firmemente a Dios, buscándole donde pudiera ser encontrado. Ella era diligente, implacable y con propósito.

Entonces, en medio de su búsqueda espiritual, Dios le mostró algo que lo cambió todo. Un único versículo atrajo su atención y no le dejaba. Hebreos 11.6 dice: «Sin fe es imposible agradar a Dios». En un instante, Amy entendió que ella había estado viviendo por temor y no por fe; y su corazón sin fe no podía agradar a Dios. Amy decidió poner toda su fe y su confianza en su Dios. Como alguien que cambia un interruptor de apagado a encendido, Amy cambió del temor al peor escenario a la fe en las mejores promesas de Dios.

Fue entonces cuando Dios hizo lo que solamente Él podía hacer. Dios le libró de su peor temor, que se evaporó, tan solo desapareció, se fue. Prácticamente al mismo tiempo, su salud comenzó a mejorar. Cada día ella se sentía más fuerte y tenía más energía, con menos dolores que el día anterior. Unas semanas después, ella había regresado al cien por ciento, y quizá estaba un poco más sana que antes.

Hasta la fecha, la única explicación que tenemos es que Dios liberó a Amy de su enfermedad. Y cuando nuestra terrible experiencia terminó, ella había formado hábitos más fuertes centrados en torno a la búsqueda de Dios en cada rincón de su vida. Ella ha mantenido ese estilo de vida de buscarle a Él constantemente. Hasta el mismo grado en que Amy había sido consumida antes por el temor, ahora está tan consumida por la fidelidad que rebosa positivamente de ella. Ahora de verdad no tiene temor.

Poner nombres

Para Amy, el punto de inflexión fue cuando ella dejó al descubierto lo que más tenía temor a que sucediera. Cuando Amy se enfrentó a su mayor temor, eso reveló lo que ella más valoraba: quería estar aquí con su familia y al lado de ella. También era obvio para ella en qué confiaba menos en Dios: estaba convencida de que sencillamente iba a morir, que no recuperaría su salud y que nuestros seis hijos y yo nos quedaríamos aquí para seguir adelante sin ella. Ella tenía temor a un futuro incierto, miedo a que su misteriosa enfermedad le quitase la vida. Por tanto, eso fue lo que llevó delante de Dios. De eso le pidió a Él que le librase, y eso fue lo que le confió para que Él se ocupase. Ella no se limitó a abandonar. No se resignó a ser un receptor del parásito del temor. En cambio, se conectó a Dios tan íntimamente como pudo.

Si está usted batallando con confiar en Dios en algunas áreas de su vida, creo que primero debe identificar aquello de lo que tiene miedo. No puede usted saber dónde comenzar a abordarlo si sigue fingiendo que no existe. Por tanto, admítalo; identifíquelo con claridad. Hasta que lo haga, seguirá siendo ese elefante en la habitación, esa inmensa nube oscura que está sobre usted y de la que no está dispuesto a hablar. Así que ponga algunos nombres. Compruebe la etiqueta y vea la marca del temor que usted lleva puesto.

Cuando lo identifique, entonces puede rendirlo a Dios. Puede comprometerse a confiar en que Él le dará el poder para vencer su temor de una vez para siempre. Permítame que lo aclare. *No* estoy diciendo solo «entréguelo a Dios» para después fingir que ya no es ningún problema. No, lo que estoy diciendo es que usted debe permitir que Dios le dé fortaleza, sabiduría y valentía para derrotar su temor de una vez por todas.

La Biblia dice en Santiago: «Si a alguno de ustedes le falta sabiduría, pídasela a Dios, y él se la dará, pues Dios da a todos generosamente sin menospreciar a nadie» (1.5). Pida a Dios que le muestre cualquier cosa que usted pueda hacer dentro de su capacidad para minimizar el riesgo de que el temor se cumpla. Entonces, cualquier cosa que Dios le revele, hágala. Por encima de eso, decida con cada gramo de fe que tenga confiar en que Dios será fiel, como su Palabra dice que será. Él será fiel para sustentarle, y siempre le dará una manera para que pueda soportar.

En el Antiguo Testamento, David creció como un sencillo pastor de ovejas antes de llegar a ser rey de Israel. Dios primero le preparó, y después le guio a hacer algunas cosas increíbles, como matar al gigante Goliat. E incluso después de que Dios hubiese dejado claro que él iba a ser el futuro rey sobre Israel, después de enviar a su profeta Samuel para ungir a David (véase 1 Samuel 16), un acto simbólico que le marcaba como el escogido de Dios, él afrontó muchos obstáculos y esperó muchos años antes de subir al trono. De ninguna manera el menor de esos obstáculos fue el rey reinante, Saúl, que se sintió muy amenazado por ese prometedor joven. De hecho, la ansiedad de Saúl se hizo tan grande que comenzó a aborrecer al dinámico joven guerrero-poeta. Finalmente, su odio basado en el temor llegó al punto de ebullición, y el rey Saúl emitió una orden a su hijo y a sus hombres: «Quiero que den caza a David... y le maten» (véase 1 Samuel 19).

Ahora bien, es fácil ver esta situación y pensar: «Vaya, qué terrible. Debió de haber sido muy difícil para David que el rey emitiera una orden de muerte para él». Pero si nos pusiéramos nosotros mismos en el lugar de David por un momento, se vuelve terriblemente horrible. Para mí, es como si el presidente de Estados Unidos le dijese a la CIA, el FBI y a todo el ejército: «Vayan y consíganme a ese loco cristiano, Craig Groeschel. Quiero su penoso esqueleto, vivo o muerto». (¡Ahora entiende por qué sigo mirando detrás de las cortinas del baño!) Dondequiera que usted viva, imagine que el líder más poderoso en su país emitiera esa orden con respecto *a usted*. Imagine que todo el ejército del país está examinando el terreno en busca de usted, interrogando a sus amigos y a su familia, siguiéndole el rastro. Usted no puede ir a ningún lugar público, y siempre va mirando por encima de su hombro.

Esa pesadilla fue la realidad de la vida de David. Independientemente de donde fuese, no podía escapar a su conocimiento de que el hombre más poderoso de Israel le quería muerto. En Salmos 56.1–4 tenemos una vislumbre no solo de su terrible situación, sino también del modo en que la afrontaba. «Todo el día me atacan mis opresores, todo el día me persiguen mis adversarios; son muchos los arrogantes que me atacan. *Cuando siento miedo, pongo en ti mi confianza.* Confío en Dios y alabo su palabra; confío en Dios y no siento miedo. ¿Qué puede hacerme un simple mortal?» (énfasis del autor).

David claramente estaba abrumado y quizá incluso aterrado, pero él lo llamaba tal como era, siendo sincero con Dios. Él era el ungido de Dios, el escogido de Dios, el futuro rey, pero eso sin duda no tenía influencia alguna en sus circunstancias. Usted puede hacer lo mismo que hizo David. Está bien admitir que tiene miedo; ponga nombre a sus temores. Sencillamente diga: «Esto es lo que sucede, Dios. De esto tengo miedo»:

«Tengo temor a que mi cónyuge pudiera estar teniendo una aventura amorosa».

«Tengo temor a que uno de mis hijos pudiera tener una enfermedad terminal».

«Tengo temor a que mi mejor amigo pudiera traicionarme».

«Tengo temor a que mi negocio pudiera ir mal el año próximo».

Entonces siga lo que hizo David. «Pero aunque tenga temor, Dios, decido creer en ti». Llévelo tan lejos como lo hizo David. Dígalo en voz alta. Escríbalo. Practíquelo. Refiérase a ello para recordárselo. Dígalo una y otra vez: «Creo en tu Palabra, Dios. Decido confiar en ti, Dios. Debido a ti, decido no tener temor».

Al examinar más detenidamente este pasaje, observe lo último que David dice aquí: «¿Qué puede hacerme un simple mortal?». Bien, respondamos esa pregunta. Sinceramente, ¿qué podrían haberle hecho los hombres mortales? Bueno, para comenzar, ¡podrían haberle matado! Quizá aun peor, los hombres mortales podrían haberle capturado, torturado, encarcelado, y haber hecho que el resto de su vida fuese desgraciado. Todo eso suena bastante horrible.

Entonces, si todo eso es verdad, ¿cómo fue capaz David de sobreponerse a sus temores? Al reenfocar su punto de vista del problema, al cambiar sus pensamientos impulsados por el temor desde el punto de vista temporal y terrenal a una perspectiva eterna. Al dar un paso atrás y ver su temor desde una perspectiva más general, David pudo decir: «¿Sabes qué? Incluso si mis peores suposiciones llegasen a cumplirse, si aun así decido confiar en Dios, nadie puede hacer nada que me dañe eternamente. Nada». De repente, sus peores suposiciones palidecieron en comparación con la bondad y la fidelidad de Dios.

¿Y qué de usted? ¿Cuál es su mayor temor? ¿Puede decidir confiar en Dios en eso? Sea todo lo sincero con usted mismo que pueda. Esto es muy importante. En mi experiencia, cuanto más me alejo de Dios, más comienzan a acumularse las suposiciones de este mundo, intentando ahogarme con temor. Pero cuanto más cerca estoy de Dios, más puedo confiar en Él, y menos se aferran a mí las cosas de este mundo. Decida. Dígale a Dios de qué tiene miedo. Después confíe en Él a pesar de todo.

Búsqueda valiente

La segunda táctica para vencer sus temores está directamente relacionada con la primera. Dicho con sencillez, debe usted buscar a Dios. Eso es. Comience a buscar a Dios y no se detenga. Cuando le busque con diligencia, coherencia y sin descanso, sus temores se evaporarán. Jeremías 29.12–13 dice: «Entonces ustedes me invocarán, y vendrán a suplicarme, y yo los escucharé. Me buscarán y me encontrarán, cuando me busquen de todo corazón».

Podría usted pensar: «Pero ¿dónde puedo encontrarle?». Comience en su Palabra. Clame a Él en oración. Búsquele con sus amigos que también siguen a Cristo. Pídales que oren por usted. Pídales que oren para que Dios se revele a usted, y que le muestre el camino para vencer sus temores. No se detenga. Día y noche. Cada vez que piense en ello. Si se despierta en la noche, ore.

Consiga una aplicación de la Biblia para su teléfono celular, y en cualquier momento en que esté esperando para una cita o esté en una fila, sáquelo y lea. No se detenga. Busque a Dios.

Puede encontrar un tremendo poder transformador en las palabras de David en Salmos 34.4: «Busqué al Señor, y él me respondió; me libró de todos mis temores». Piense en esas palabras. Apréndalas. Busqué a Dios; y Él me respondió. Él me libró de cada temor que yo tenía. Se han ido. Estoy libre de todas las cosas que me mantenían cautivo. Él me libró de ellos. Se han ido, y soy libre.

Cuando sienta que emociones de temor intentan abrumarle, puede hacer lo que hizo él. ¿Quién hizo todo esto? ¿Quién tiene el control? ¿De quién es la promesa de que Él hará que todas las cosas obren para bien de aquellos que le aman (Romanos 8.28)? En esos primeros momentos en que usted comienza a sentir que llega el temor, cierre sus ojos e imagine a Dios en su trono, sentado directamente entre usted y su temor. Sus temores intentan interponerse entre usted y Dios; fuércelos a que se vayan donde pertenecen. Vea a Dios entre usted y ellos.

Cuando miro mi calendario y veo lo que me espera en los meses siguientes, puedo sentir esos viejos y familiares temores sobre el futuro que comienzan a llegar, como sombras que intentan eclipsar la luz. Por tanto, cierro mis ojos y comienzo a hablar con Dios: «Padre, tú eres suficiente para hoy. Tú me has dado todo lo que necesito para hacer todo lo que tú quieres que haga hoy». Reconocer que Dios tiene el control y verle como mi protector y mi proveedor me ha ayudado a vencer decisivamente mi temor al futuro. Él quiere hacer lo mismo por usted.

Dios no le ha dado un espíritu de temor. Si siente miedo, eso no proviene de Él. No lo acepte. No ceda a él. Lo que Dios le ha dado es un espíritu de poder, de amor y de dominio propio. Búsquele a Él. No tema, porque el Señor está con usted.

Parte III

Influencias tóxicas

9

Envenenamiento del estado de ánimo

Purgar las falsas promesas del materialismo

Ese sentimiento de libertad, de abiertas autopistas de
posibilidades se ha... perdido ante el materialismo y el marketing.
—Sheryl Crow

Un buen amigo y yo estábamos almorzando justamente después de la Navidad, y él acababa de recibir esa misma mañana
su factura de la tarjeta de crédito. Eso es hablar de una resaca de
vacaciones; Visa *no* era donde él quería estar. Mi amigo se que-
jaba: «Yo solía ahorrar dinero a lo largo del año para la Navidad,
parecido a lo que veía hacer a mis padres, y después no tenía
esta inmensa deuda en enero. Aunque sigo intentando ahorrar,
ahora siempre estoy jugando a ponerme al día. Parece que cada

mes tiene una fiesta, una ocasión especial, o la obligación de hacer un regalo». Mi amigo me describió mes a mes con detalle a dónde iba su dinero.

Comenzando con enero, tenía que pagar las facturas de la maravillosa Navidad que su familia acababa de celebrar. En febrero, estaba esa joya que su esposa ha llegado a esperar para el día de San Valentín, al igual que regalos para sus hijas adolescentes y su hijo de doce años. Marzo y abril traen las vacaciones de primavera, y ellos siempre viajan a Florida para tener un tiempo de calidad al lado de la playa, además la gran reunión familiar en Semana Santa, que incluye una inmensa comida y cestas de Semana Santa para niños y adultos por igual.

El verano solía proporcionar un respiro económico, pero ahora los campamentos de verano de sus hijos, la semana familiar en la casa del lago para el 4 de julio y su crucero de vacaciones por el Caribe en agosto se llevaban cada centavo que él tenía. Al llegar septiembre es momento de regresar a la escuela, y todos sabemos lo que eso significa: ropa nueva para los niños, mochilas nuevas y matrículas para fútbol, béisbol y animadoras, sin mencionar equipamiento y uniformes nuevos. Después de Halloween (pasteles, fiestas, decoración, disfraces), es una cuesta abajo hasta Acción de Gracias, compras en Black Friday para los regalos de Navidad, y todo lo que conduce al gran día mismo. Incluyamos algunos cumpleaños y su aniversario de boda, y mi amigo tenía suficientes gastos por delante para cavar un gran agujero.

Al saber que yo soy bastante frugal y me opongo firmemente a la deuda, mi amigo no se sorprendió al oírme decir: «Mira, no tienes que vivir de esa manera». Me miró de modo un poco extraño durante un par de segundos y dijo: «Pero Craig, *todo el mundo vive de esa manera*». Yo me reí en voz alta, y afortunadamente, también lo hizo él. «No» dije yo, «no todo el mundo vive de esa manera; es una decisión».

El precio de admisión

Yo no estaba juzgando a mi amigo o a los millones de personas como él que están atrapados en el mareante ciclo de trabajar, gastar, pagar, trabajar más, gastar más, pagar más. Es una enfermedad generalizada e insidiosa, especialmente en nuestra cultura occidental y particularmente en Estados Unidos. Y comienza a una temprana edad. Los niños solían suplicar la última muñeca Barbie, G.I. Joe, unos guantes de béisbol o una bicicleta. Ahora esperan iPods, teléfonos celulares y ropa de diseño, tal como los vendedores miniadultos quieren.

Yo sé de primera mano que la presión del grupo para mantenerse al día de las últimas tendencias, versiones 2.0 y símbolos de estatus comienza a una temprana edad. Como producto de la generación de Polo y de Izod, yo sabía que los muchachos populares llevaban camisas con pequeños lagartos verdes sobre ellas, a menos que llevasen otras con diminutos hombres manejando un palo de polo a caballo. En mi escuela de secundaria, si uno no llevaba la marca correcta no podía estar con el grupo correcto, lo cual significaba que no podía sentarse en la mesa correcta en el almuerzo, y que no podía ir con la muchacha correcta al baile de San Valentín. Cualquier oportunidad que yo tuviera de ser popular en la secundaria dependía de la etiqueta interior y del emblema que hubiera en el frente de mi camisa.

Aunque mis padres apoyaban mis sueños de ser popular, se negaban a pagar cincuenta dólares por una camisa que me quedaría pequeña en seis meses. En lugar de sencillamente rendirme a una marca inferior, y a una vida de marca inferior, decidí falsificarlo. Mi mamá se confabuló conmigo en mi ropa de imitación al realizar una operación a un par de calcetines Izod que encontró en una venta de artículos de segunda mano. Con cuidadosa precisión, trasplantó el preciado reptil a una camisa que costó diez dólares. Nuestro plan casi funcionó hasta que alguien notó que mi lagarto estaba torcido. Aunque nunca volví a sentarme en la mesa popular en el almuerzo, de algún modo sobreviví.

Nuestra cultura rebosa de materialismo tóxico. Un espíritu mentiroso les dice a las masas que más dinero y mejores cosas son los dos billetes que necesitamos para tener admisión en la vida que deseamos. Si tenemos las etiquetas correctas, los aparatos nuevos, los mejores juguetes tecnológicos, los últimos autos de lujo, las casas más bonitas y las inversiones más beneficiosas, entonces seremos felices, estaremos seguros y tendremos importancia.

Como un fumador que disfruta de su cigarrillo, sabiendo que cada bocanada daña sus pulmones, muchas personas inhalan con gusto las mentiras tóxicas del materialismo a expensas de la salud de su alma y su eficacia para Cristo en el mundo. En lugar de vivir con sustancia y fortaleza, ingieren las mentiras del materialismo y sufren de envenenamiento del estado de ánimo. Cuando nuestro estado de ánimo y nuestras necesidades emocionales dependen de adquirir más posesiones, más dinero, más juguetes, entonces estamos preparados para un shock tóxico cuando encontramos nuestras manos llenas y nuestros corazones vacíos. Jesús preguntó: «¿De qué sirve ganar el mundo entero si se pierde la vida?» (Mateo 16.26).

La luna de miel terminó

Salomón destiló la esencia del problema en Proverbios 13.7 cuando explicó que a algunas personas les gusta pretender ser ricas pero, en realidad, no tienen nada. Podrían poseer un iPhone, iPad, iPod, pero no pueden permitirse alimentar su iCuerpo en la cena en un restaurante sin meterse en deuda. Se han creído la mentira de que más cosas se iguala a más importancia en la vida. Y nuestra economía basada en el consumo e impulsada por la venta minorista, está más que contenta de proporcionar más cosas para enriquecer su vida cada día del año. Nos metemos en el charco del veneno con una mentalidad de «juega ahora, paga después».

Esto es especialmente cierto para la generación más joven, que ha aprendido malos hábitos de sus padres. Según un reciente artículo, el sesenta por ciento de los trabajadores de menos de treinta años de edad ya han liquidado su jubilación. Un sorprendente setenta por ciento de ellos no tiene nada de dinero en absoluto en reservas en efectivo. Sin embargo, siguen gastando y pagando. Aunque la generación de personas de veintitantos y treinta y tantos años tiene muchas características positivas, una de las negativas es su espíritu de tener derecho a todo. Yo me lo merezco. La vida es corta. Y lo quiero ahora. Es común que una pareja joven de unos veintitantos años crea que se merecen tener el mismo estilo de vida que sus padres, quienes trabajaron por treinta años para conseguirlo.

Como pastor que se especializó en ministrar a adultos solteros por muchos años, ayudé a muchas parejas a casarse. En nuestra formación prematrimonial, siempre hacíamos algún trabajo sobre finanzas. Sin excepción, yo siempre preguntaba acerca de sus planes para la luna de miel. Cuando preguntaba dónde irían, casi sin excepción me decían Hawái, Cancún, Jamaica, las Bahamas, las islas Fiyi o alguna otra isla exótica, tropical y muy cara. Cuando les preguntaba cómo pagarían el viaje de sus sueños, ellos generalmente movían sus pies de lado a lado, evitando el contacto visual. Entonces uno explicaba tímidamente que lo cargarían a sus tarjetas de crédito y lo pagarían más adelante.

Esa siempre me pareció una manera triste e innecesariamente difícil de comenzar un matrimonio. «Oye, cariño, ¡vamos a meternos en una inmensa deuda que tardaremos años en pagar para poder tener esta semana de dicha tropical!». Podría usted pensar que estoy intentando matar el romance, pero es precisamente lo contrario. Estoy convencido de que cuando está usted enamorado, puede disfrutar de su nuevo cónyuge en cualquier lugar. No es el destino el que hace el viaje, sino la persona con quien está. En lo profundo del corazón, el amor genuino y transformador hace que un lugar ordinario sea extraordinario.

Para mí, es mucho más romántico hacer un viaje que usted pueda permitirse y después llegar a casa y comenzar su vida juntos y libres de deudas. Cuando Amy y yo nos casamos, teníamos 1.100 dólares ahorrados entre los dos. Sabíamos que no podíamos permitirnos volar a ninguna parte, no si queríamos comer cuando llegásemos allí. Por tanto, decidimos conducir mi viejo Honda Accord siete horas hasta San Antonio, Texas. Nos quedamos en un bonito hotel en River Walk una noche y después en otro hotel menos caro a unos pocos kilómetros de distancia del resto de la semana. Compramos un libro de cupones que nos permitía comer por la mitad del precio. Caminábamos al lado del río, hablábamos hasta muy entrada la noche, e incluso jugábamos a las cartas; ¡sin mencionar llegar a conocernos el uno al otro en el sentido bíblico! Lo pasamos muy bien en unas vacaciones con un presupuesto muy bajo y pocos adornos.

Cuando nos quedamos sin dinero antes de que terminase nuestra semana completa, comenzamos el viaje de siete horas hasta nuestra casa. A mitad de camino, Amy tuvo la idea de detenernos y quedarnos en la casa rodante de su abuelo, que estaba vacía, al lado de un lago. Por tanto, pasamos dos días disfrutando el uno del otro en la caravana al lado del lago, comiendo sándwiches de mantequilla de cacahuate y mermelada y disfrutando del tiempo a solas. Y comenzamos nuestro matrimonio libre de deudas.

Fiebre de ostentación

Sin ni siquiera darse cuenta, muchas personas en la actualidad están haciendo un horrible intercambio. «Cambiaron la verdad de Dios por la mentira, adorando y sirviendo a los seres creados antes que al Creador, quien es bendito por siempre» (Romanos 1.25). Este versículo capta uno de los intercambios más tóxicos en la historia. Las personas rechazan la verdad de Dios con su poder para liberar y satisfacer nuestras almas, y en cambio abrazan la búsqueda de objetos materiales.

¿Por qué los cristianos (y no cristianos) hacen un cambio tan malo? ¿Renunciar a las bendiciones eternas a cambio de otras temporales y pasajeras? ¿Tomar decisiones a corto plazo con consecuencias a largo plazo? ¿Vivir para el momento y olvidarse del futuro? La razón es las falsas promesas, las lujosas mentiras, del dinero, el materialismo y el marketing. Piense en ello. El dinero y las cosas hacen tres importantes promesas que no pueden cumplir: las promesas de felicidad, significado y seguridad.

Hablemos de la falsa promesa de felicidad. Esta mentira es extraña, pero las personas la creen por millones. Lo divertido sobre esta mentira es que se puede preguntar a alguien: «¿Puede el dinero comprar la felicidad?». La mayoría de las personas a las que conozco dirían sin duda: «No, el dinero no compra la felicidad». Pero si entonces les preguntara: «¿Cree que un poco más de dinero haría que su vida fuese mejor?», responderían instintivamente: «Sí, claro».

¿Puede ver la hipocresía?

Si mira más el modo en que las personas se comportan que lo que dicen que creen, sus acciones indican que creen que el dinero y las cosas les harán felices. Los esposos se rompen la espalda por ganar más dinero para adquirir más cosas. Las esposas se meten en deudas creyendo que el bolso perfecto, el color del cabello o esa pulsera harán que sus vidas sean mejores. El muchacho que acaba de terminar la universidad se mete en una inmensa deuda al comprarse ese nuevo auto, convencido de que podría atraer a la nueva esposa. Podría ser el salario de seis cifras, la cocina con encimeras de granito, el armario empotrado, la tercera plaza de garaje para proteger la barca, el aparato más nuevo de tecnología, o el perfecto par de botas que combinen bien con los nuevos pantalones que usted necesita conseguir para que combine con la bufanda que no compró, pero que comprará ahora que tiene las botas. El dinero y las cosas nos mienten. Si usted tiene suficiente, será feliz.

El dinero y las cosas siguen engañándonos, prometiendo que si tenemos suficiente, seremos importantes. Puede que no esté de acuerdo al principio, pero cuando piensa en ello, oirá el eco de su voz mentirosa. Si tiene usted dinero y cosas bonitas, eso le hace importante. Si no lo tiene, es usted menos que quienes lo tienen.

¿No me cree? Imagine conducir para ir a ver a sus amigos en un destartalado vehículo de doce años de antigüedad. ¿Puede sentir su vergüenza cuando el cacharro petardea y después se detiene, mientras usted abre la puerta del conductor que está magullada y oxidada? Contraste eso con el sentimiento que tendría al conducir un deportivo totalmente nuevo con el techo bajado y la música sonando por el estéreo más nuevo. Las cabezas se giran cuando usted pasa, no porque el auto casi haya explotado, sino porque usted se ve muy bien. Sin duda alguna, en cualquiera de los autos es usted la misma persona, pero el modo en que se siente con usted mismo probablemente sería peor en el destartalado cacharro y mejor en el brillante auto deportivo. ¿Por qué? Porque ha fumado el cigarrillo de la cultura y ha inhalado la mentira.

Podría usted sentirse mejor al llevar el par de pantalones correcto, o al decir a otra mamá que sus hijos están en una escuela privada exclusiva, o al explicar que vive usted en el barrio que tiene la entrada con rejas. Y si usted viste unos pantalones sin marca, o pone excusas al porqué sus hijos no asisten a la escuela exclusiva, o evita el nombre de su barrio que no tiene rejas, ¿podría ser que se ha creído la mentira? Sus cosas y su dinero no le dan importancia, pero usted cree que lo hacen.

El dinero y las cosas ponen a otro por encima de usted. Esas cosas prometen erróneamente seguridad. Si es usted como la mayoría de las personas, tiende a pensar: «Si tuviera dinero suficiente, entonces me sentiría seguro». El problema es que esa afirmación nunca es cierta. Cuando consiga usted un poco de dinero, sentirá que necesita más. Si le pregunta a alguien: «¿Cuánto necesita para sentirse a salvo y seguro?», la respuesta más común nunca cambia. «Necesito tan solo un poco más».

Este ha sido un problema para mí durante toda mi vida. Siempre he tenido temor a no tener lo suficiente. En lugar de querer cosas más nuevas y más bonitas, simplemente he querido más seguridad financiera. Podría ser necesaria para un día difícil. Después de obtener consejo para mis irracionales temores financieros, finalmente admití la verdad. Yo confiaba en que el dinero proveería más de lo que confiaba en Dios.

Venta de la verdad por uno

Aunque muchas personas compran la mentira financiera tóxica y externamente parece que son felices, importantes y están seguras, hay otro lado de la mentira: la verdad. «y conocerán la verdad» dijo Jesús, «y la verdad los hará libres» (véase Juan 8.32).

¿Por qué cree que nuestro enemigo espiritual utiliza el dinero para engañar? Satanás intenta usar el dinero como sustituto de Dios. Recuerde que Jesús dijo: «Nadie puede servir a dos señores, pues menospreciará a uno y amará al otro, o querrá mucho a uno y despreciará al otro. No se puede servir a la vez a Dios y a las riquezas» (Mateo 6.24). Observe que Jesús no dijo que no se puede servir a Dios y al poder. O a Dios y al sexo. O a Dios y a usted mismo. Jesús concretamente destacó el dinero. No se puede servir a Dios y al dinero.

¿Por qué cree que Jesús se enfocó en el dinero? Porque el dinero es un dios falso atrayente e increíblemente poderoso. Nuestro enemigo espiritual utilizará cualquier cosa para alejar nuestra adoración de Dios. A Satanás le encanta cuando usted ama y adora al dinero. La tóxica trampa nos induce a adorar y servir a cosas creadas (aquello que el dinero compra) en lugar de al Creador que es digno de alabanza. Cuando llegamos a su raíz, ¿qué hace el dinero? Promete lo que solamente Dios puede proporcionar.

Aunque el dinero promete felicidad, la verdadera felicidad, paz y gozo pueden encontrarse solamente en Dios por medio de Cristo. Lo mismo es cierto del significado. El dinero promete significado, pero no lo da; solo Dios lo hace. Repito: el dinero dice que si usted tiene suficiente estará seguro; pero solamente necesita que alguien a quien usted quiere tenga un accidente o una grave enfermedad para darse cuenta de que todo el dinero del mundo no puede llevarse esos problemas. Solamente Dios puede hacerle sentir verdaderamente seguro. Estamos batallando con un problema espiritual, no financiero.

Abramos camino por la basura tóxica y desenterremos la verdad. ¿Por qué piensa que confiamos en que el dinero compre la felicidad? La razón es simple: porque no sabemos lo que tenemos en Cristo. Confiamos en que el dinero nos haga ser importantes porque no sabemos quiénes somos en Cristo. Y creemos que el dinero nos hará sentirnos seguros porque confiamos en el dinero más de lo que confiamos en Cristo.

Sienta el dolor de la tóxica trampa del materialismo. En esencia, mediante el modo en que vivimos estamos diciendo que lo que el mundo ofrece es mejor que lo que Cristo ofrece. Nuestra deuda económica es evidencia de nuestras creencias distorsionadas. Si es usted cristiano, podría levantar sus defensas. «¡Eso no es cierto!», y sacar las excusas: «Mis padres no me enseñaron sobre dinero. Mi trabajo no me paga lo suficiente. La economía es mala. Mi cónyuge gasta demasiado. No puedo evitar que mis hijos necesiten ortodoncia. No puedo evitarlo si me gustan las cosas bonitas».

Con pocas excepciones, si está usted en deuda, es probable que se haya tragado la píldora venenosa, creyendo que más le hará ser feliz, importante o sentirse seguro. Acéptelo. No lo excuse. Si no creyera esas mentiras, ¿por qué habría comprado cosas que no necesitaba con dinero que usted no tenía? Nuestras acciones revelan lo que verdaderamente creemos: amamos, adoramos y servimos a las cosas más de lo que amamos, adoramos y servimos a Dios.

Reglas de la casa

Entonces, ¿qué hacemos cuando reconocemos que hemos sido engañados? ¿Cómo nos recobramos de años de vivir según una mentira? La sencilla respuesta es que necesitamos comenzar a vivir dentro de nuestros medios. Necesitamos liquidar la deuda y vivir como buenos administradores. Pero usted ya sabía eso, ¿verdad?

En lugar de intentar convencerle de la importancia de un presupuesto, de ahorrar y planificar (todo lo cual es importante y necesario), voy a ofrecer algo que con frecuencia se pasa por alto y debería estar antes de intentar cambiar su conducta. Recuerde que nuestro primer problema es un problema de creencia. La creencia se muestra en la conducta. Primero necesitamos cambiar lo que creemos. Cuando verdaderamente cambiemos lo que creemos, con alegría cambiaremos nuestro modo de comportarnos.

Le daré un ejemplo. A Amy y a mí siempre nos ha gustado tener nuestra casa bonita, especialmente por la compañía. Hace años, si usted me llamase y me dijese que iba a ir a visitarnos en una hora, nuestra rutina habría sido parecida a lo siguiente: yo correría a Amy para decirle que usted vendría. Ella preguntaría cuándo. Yo le diría que en una hora. Ella sentiría pánico. Durante los siguientes 59,5 minutos correríamos de un lado a otro metiendo cosas en un armario y explicando a los niños que «¡bajo ninguna circunstancia tienen que abrir *ese* armario!». Entonces encenderíamos algunas velas para dar a nuestro hogar ese aroma de bienvenida. Mi tarea incluiría poner una cinta de música de adoración para preparar el ambiente espiritual. (Si no sabe lo que es una cinta, pregunte a alguien que tenga más de cuarenta años.) Después de refrescarnos, le esperaríamos los últimos cinco minutos para después representar el papel del hogar y la familia perfectos.

¿Por qué cree que hacíamos eso? Porque nuestra identidad estaba envuelta en otra cosa aparte de Cristo. Se podría decir que adorábamos nuestra imagen o la opinión que usted tuviera de nuestra imagen. Nuestras acciones revelaban lo que creíamos. No sabíamos quiénes éramos o lo que teníamos. Creíamos una mentira tóxica. Ahora bien, no hay nada de malo en mantener su casa bonita, pero cuando cambiamos nuestras creencias, encontramos una mejor manera de comportarnos.

A medida que Amy maduró en Cristo, sus prioridades comenzaron a cambiar visiblemente. Aún recuerdo el día en que Amy se acercó a mí con su nueva idea. «En lugar de poner tanto énfasis en nuestra casa, ¿y si escogiéramos valorar las relaciones por encima de nuestra imagen?», preguntó, revelando su meditada pasión. «¡Me gustaría que nuestro hogar fuese *la* casa!», dijo Amy, con una fuerza espiritual que rivalizaba con un sermón de Billy Graham. Yo supe inmediatamente de lo que ella estaba hablando.

Ella no quería la casa que todo el mundo quería o la casa que se ganase el premio al mejor jardín del mes. Amy quería algo más que yo nunca había experimentado de primera mano. Todo barrio tiene *la* casa a la que todos los niños quieren ir para divertirse. Es *la* casa donde todos pasan la mayor parte del tiempo, crean más recuerdos y no pueden esperar para visitarla de nuevo. Es *la* casa que nunca es perfecta pero siempre está llena: de comida, de amor, de personas.

Amy me explicó cuidadosamente que podíamos seguir trabajando duro para tener la casa «perfecta» (algo que de todos modos no puede lograrse), o podríamos relajar nuestras normas e invertir más energía en las personas a las que queríamos. Por tanto, decidimos que ya no nos mataríamos para impresionarle con nuestra imagen, sino que en cambio le serviríamos con nuestro amor. Tendríamos la casa que se sintiera como un hogar.

Ahora, si usted nos visitara, es probable que tuviera que saltarse una bicicleta o dos, un patinete *rip stick*, tiza medio borrada en la acera y un Frisbee antes de entrar. Tropezaría con varios juguetes en la entrada, y los cojines probablemente no estarían derechos sobre nuestro sofá. Podría haber un juego de mesa a medio terminar sobre la mesita y cuatro peluches sentados en sillas como si estuvieran tomando el té. Pero le prometo que aunque la casa puede que no sea perfecta, usted se sentirá bienvenido y querido.

Cuando estuvimos más seguros con quiénes éramos en Cristo, no necesitamos impresionar a otros con nuestra imagen, sino que podíamos servirles con nuestro amor. Cuando cambiamos lo que creíamos (valorar a las personas por encima de las cosas), nuestras nuevas creencias cambiaron nuestro modo de comportarnos. Y con nuestras nuevas creencias encontramos una mejor manera de vivir. No tenemos que vivir con la constante náusea del materialismo; podemos estar asentados y verdaderamente satisfechos con el Agua viva y el Pan de vida.

Margen de beneficio

Cuando usted vence las tóxicas mentiras materialistas, descubre una mejor manera de vivir. La verdad es que la felicidad, el significado y la seguridad se encuentran solamente en Cristo. Pablo reveló esto poderosamente desde una celda en la cárcel hacia el fin de su vida. «Sin embargo, todo aquello que para mí era ganancia, ahora lo considero pérdida por causa de Cristo. Es más, todo lo considero pérdida por razón del incomparable valor de conocer a Cristo Jesús, mi Señor. Por él lo he perdido todo, y lo tengo por estiércol, a fin de ganar a Cristo» (Filipenses 3.7–8).

La palabra en el idioma original traducida como «estiércol» es una palabra fuerte. Puede traducirse como «desperdicio» o «basura», o incluso una palabra más fuerte que puede que usted no esperase encontrar en la Escritura. En otras palabras, Pablo dijo que todas las cosas que pensaba que eran importantes en realidad no son buenas para nada, son inútiles, y apestosas como caca de perro (la traducción de mis hijos). Él sabía que el dinero y las cosas nunca le darían satisfacción. No eran nada comparados con el gozo de conocer a Cristo.

Cuando se acerca usted más a Cristo, las tentaciones tóxicas de las posesiones terrenales pierden su tenaza. En cambio, a usted le importa menos este mundo y más el mundo venidero. La cultura engañosa le dice que si usted tiene más, estará satisfecho. Charles Spurgeon lo expresó bien. «Usted dice: "Si tuviera un poco más, debería estar muy satisfecho". Comete usted un error. Si no está contento con lo que tiene, no estaría satisfecho si tuviese el doble». Tener más de este mundo nunca satisface. Solamente más de Cristo satisface.

Para sanar realmente de las toxinas materialistas, le aliento a que se diga la verdad a usted mismo una y otra vez.

El dinero y las cosas nunca me darán satisfacción.

El dinero y las cosas *nunca* me darán satisfacción.

El dinero y las cosas NUNCA me darán satisfacción.

Dígalo una y otra, y otra, y otra, y otra vez, hasta que lo crea. Y cuando lo crea, comenzará a ponerlo en práctica. Su conducta cambiará.

Jesús dijo: «La vida de una persona no depende de la abundancia de sus bienes» (Lucas 12.15). Usted no es lo que tiene. Usted no es donde vive. Usted no es lo que viste. Usted no es lo que conduce.

Si usted no es todas esas cosas, entonces ¿quién es usted?

Usted es quien Dios dice que es. Usted es su hijo. Es un coheredero con Cristo.

Y porque usted le pertenece a Dios, «nos ha concedido todas las cosas que necesitamos para vivir como Dios manda» (2 Pedro 1.3). Usted tiene todo lo que necesita para hacer todo lo que Dios quiere que haga. Está usted completo en Él.

Cuando cree verdaderamente eso, comienza a vivir una vida mejor. Proverbios 15.16 dice: «Más vale tener poco, con temor del SEÑOR, que muchas riquezas con grandes angustias». Es mejor tener poco con Dios que tener mucho con tensión, peleas y temor. Un poco con Dios es mejor.

Proverbios 15.17 dice: «Más vale comer verduras sazonadas con amor que un festín de carne sazonada con odio». Es mejor comer una ensalada con aquellos a quienes ama que comer un filete después de divorciarse. Repito: con Dios, la vida es mejor.

Salomón dijo: «Vale más un Don Nadie con criado que un Don Alguien sin pan» (Proverbios 12.9). Es mejor no fingir, sino vivir dentro de sus medios y no preocuparse por el dinero y las cosas. Hay una manera mejor de vivir.

Nunca descubriremos felicidad duradera, importancia y seguridad en las cosas temporales de este mundo porque no fuimos creados para vivir una vida temporal. Por eso deberíamos disminuir nuestras expectativas de la tierra. La tierra no es el cielo, y nunca tuvo intención de serlo. Ningún auto nuevo, casa nueva, muebles nuevos para el salón, nuevos electrodomésticos para la cocina, nueva ropa, nuevo cabello, nuevo hijo, nuevas vacaciones, nuevo trabajo, nuevos ingresos, nuevo esposo o ninguna otra cosa nueva nos dará satisfacción nunca, porque no fuimos creados para las cosas de este mundo.

Alguien dijo que no está mal tener cosas. Está mal cuando esas cosas le tienen a usted. Si batalla duro contra la corriente del comercialismo, puede nadar hacia aguas mejores. Deje de creer la mentira. Más dinero y más cosas no darán mayor significado a su vida de ninguna manera. Pero el Hijo de Dios, el Cristo resucitado, lo hará.

10

Guerra de gérmenes

Limpiar nuestra vida de toxinas culturales

Por primera vez, lo extraño, lo estúpido y lo grosero
se está convirtiendo en nuestra norma cultural,
incluso en nuestro ideal cultural.
—Carl Bernstein

Ya he compartido cómo ir al cine puede ser un ejercicio espiritual de autocontrol y perdón a medida que me encuentro allí con muchas personas con la intención de empujar, hablar y estropear mi entretenimiento. También recordará cómo hace algunos años aprendí, por el camino difícil, a tener más discernimiento con respecto a las películas que decido ver. Por tanto, ahora que tengo más discernimiento acerca de lo que veo, tiendo a confiar en las recomendaciones de amigos, otros miembros de la plantilla de la

179

iglesia, y también fuentes en la Internet y aplicaciones que eva-
lúan las películas y su contenido.

Recientemente, cuando le pedí a un amigo recomendaciones
de una buena película que rentar, él respondió con entusiasmo:
«¿Has visto *The Hangover* [¿*Qué pasó ayer?*]? ¡Puede que sea la
película más divertida que he visto!». Emocionado por una
comedia potencialmente estupenda, pregunté a una pareja de
los miembros de mi personal sobre la película. También ellos la
habían visto y dijeron que era muy divertida y que debía verla.

Como no estaba seguro de cómo estaba calificada la película,
mi última comprobación era un poco de investigación para ver si
era una película para toda la familia o solo para que Amy y yo la
viésemos juntos. Lo que descubrí me dejó anonadado. Según www.
screenit.com, esta comedia tiene su buena parte de escenas no
amigables con la familia, lenguaje intenso y situaciones sexuales.
Las aristas incluyen noventa y una variaciones de palabrotas (apa-
rentemente pueden funcionar como nombres, verbos, adjetivos,
o incluso una conjunción, por lo que sé), cuarenta y una palabras
excretoras, catorce referencias al trasero de la persona, trece «infier-
nos», y nueve términos de jerga para la anatomía masculina. Para
ponerle la guinda al pastel, esta divertida película tiene treinta y
una versiones de tomar el nombre de Dios en vano. No exactamente los sabores de la pastelería Baskin-Robbins que yo buscaba.

Bombas fuera

Cuando les dije a mis amigos y miembros de la plantilla que la
película tenía noventa y una «bombas», lo cual supone una media
de aproximadamente una palabrota por minuto, todos quedaron
sorprendidos. «¿De verdad? Ni siquiera lo noté», fue la respuesta
más común.

¿De verdad? ¿Ni siquiera notaron una palabrota cada minuto? Quizá usted haya visto la película y no crea que el lenguaje o las escenas de sexo son para tanto. Quizá esté levantando sus cejas y pensando: «¿No está exagerando un poco? ¿Quién se sienta a ver una película y cuenta las malas palabras que dicen? Vamos, Craig, ¡anímese! Nadie se toma en serio una comedia».

Por favor, entienda que yo he visto mi buena parte de películas estilo *The Hangover*. Como niño de la década de los ochenta, crecí con una dieta de películas como *Fast Times at Ridgemont High*, *Risky Business* y *Porky's*. No es que esté particularmente orgulloso de esta educación cultural (probablemente habría dejado esta lista fuera de mi currículo si alguna vez solicitase un trabajo como pastor), pero no soy un abstemio separatista que solo ve *Veggie Tales*.

Podría usted ser como muchas personas que dicen: «Blasfemias, violencia y sexo en las películas en realidad no me molestan. Si no me molestan, entonces no deben de ser gran cosa». Recuerde: yo solía pensar también de esa manera. Sin embargo, si es usted cristiano, ¿no estaría de acuerdo en que debe de haber un límite en algún lugar? ¿Un modo de discernir lo que le agrada a Dios y nos acerca más a Él en lugar de alejarnos? ¿Y podemos confiar en nuestras propias sensibilidades para saber lo que es verdaderamente mejor para nosotros? ¿Puede usted realmente soportar una ráfaga de palabrotas en una película y no resultar herido?

Pensemos, por ejemplo, si yo dejase caer noventa y una palabrotas en mi sermón este domingo; ¿creería usted que no le importaría a nadie en mi iglesia? Lo más probable es que suscitase un poco de controversia, en el mejor de los casos. Entonces, si está de acuerdo en que noventa y una son demasiadas palabrotas para un sermón el domingo, entonces ¿qué le parecen cincuenta? ¿O veintitrés?

¿Cuál es el número mágico? La mayoría de las personas en mi iglesia dirían que incluso una de esas palabrotas sería demasiado, y mucho menos tomar el nombre de Dios en vano. Sin embargo, la mayoría de ellas pagaron un buen dinero para ser entretenidas por alguna forma de medios de comunicación que contenían ese mismo lenguaje u otro mucho peor en los últimos treinta días.

Por tanto, abordemos este tema. Si no está bien que usted o yo digamos ciertas palabras o hagamos algunas bromas o referencias en particular en la iglesia, entonces ¿por qué sería adecuado que los cristianos pagasen su bien ganado dinero para ser entretenidos por algo parecido?

Estoy de acuerdo en que el contexto marca una diferencia. Usted asiste a la iglesia (espero) para adorar a Dios, oír su palabra predicada y tener comunión con otros, no para ser entretenido. Por el contrario, usted va al cine o se descarga Netflix para escaparse y disfrutar, no para tener un encuentro con Dios y ser alimentado espiritualmente.

Hay solamente un problema en esta línea de razonamiento. Nuestras vidas no están tan exactamente compartimentadas solo porque estemos en un ambiente diferente para un propósito diferente. No somos máquinas con programas de software que pueden organizar y distanciar las cosas, y separarlas de todas las otras partes del sistema. Es tentador pensar que lo que vemos en televisión, lo que vemos en el cine, lo que escuchamos en nuestro iPod, lo que jugamos en nuestros sistemas de juego y lo que leemos antes de irnos a la cama no nos afecta.

Pero sí lo hace. Cada imagen y cada mensaje que ingerimos puede que sea un germen que nos pondrá gravemente enfermos, especialmente cuando se combina con los muchos otros gérmenes sensoriales que aceptamos. Si somos serios con respecto a mantener limpia nuestra casa espiritual, entonces no debe de haber ninguna excepción. Debemos tomar muy en serio las imágenes, el lenguaje y las historias que permitimos entrar en nuestra mente y en nuestro corazón. Debemos desinfectar nuestro corazón con el poder de la verdad que mata los gérmenes.

Umbral de dolor

El cine, los medios y la cultura no son malos en sí mismos; pero consumir material espiritualmente tóxico de nuestra cultura sin tener discernimiento puede matarle. Las personas en nuestra cultura no tienen las mismas normas, prioridades o responsabilidades que tenemos nosotros como cristianos. Si agradar a Dios no es el enfoque de ellos, ¿por qué iban a preocuparse de lo que ponen en una película, canción, programas de televisión, artículo de revista o libro?

No estoy diciendo que la verdad de Dios se encuentre únicamente en lo que quienes se denominan cristianos producen en nuestra cultura. Él utiliza todo y cualquier cosa que quiere para atraer a las personas a una relación con Él. Pero hablando en general, la mayoría de los elementos culturales pueden ser situados en una línea continua.

Algunos de ellos podrían ser útiles para usted espiritualmente, para edificar su fe y acercarle más a Dios y a su misión para usted en la tierra. Algunos puede que sean neutros y varían desde lo ligeramente entretenido hasta una total pérdida de tiempo, mientras que otros lentamente siembran veneno en su alma. Podría ser la música que le gusta escuchar en su iPod o las páginas que visita en la Internet. Algunas son inofensivas. Otras son mortales.

Sin embargo, rara vez reconocemos el impacto negativo de la dieta cultural que consumimos a diario. Al igual que alguien que hace dieta y tiene una nueva bolsa de patatas fritas, comenzamos con una o dos y de repente nos encontramos con sed y con una bolsa vacía en nuestras manos. Nadie se despierta en la mañana y dice: «Creo que malgastaré todo el día jugando a videojuegos gráficamente violentos, viendo películas pornográficas y escuchando música llena de blasfemias». La sutileza de nuestra sociedad saturada de medios de comunicación es su influencia generalizada. La aceptamos todo el tiempo, y poco a poco nos volvemos insensibles al material dañino e impío píxel a píxel.

Por ejemplo, la primera vez que vi artes marciales mixtas, sinceramente aparté mi cabeza varias veces. Dos hombres se pateaban, se golpeaban y luchaban el uno con el otro dentro de una jaula hasta que uno estaba claramente más cerca de la muerte que el otro. Salía mucha sangre del ojo de uno de ellos mientras estaba tirado en el piso. Su atacante sintió una oportunidad y lanzó codazo tras codazo a su cara, haciendo rebotar la cabeza del pobre hombre sobre el piso como si fuera un jugador de baloncesto que recorre la pista con la pelota.

De repente, el hombre que estaba en el piso milagrosamente giró su cadera y agarró con su pierna el brazo de su atacante, dejándole como un tornillo humano. Entonces yo no podía creer lo que veía con mis ojos y oía con mis oídos cuando observé que uno de ellos brutalmente partía el brazo de su oponente en dos pedazos. No solo se pudo oír el sonido del hueso roto, sino que también ese hueso prácticamente salió por su piel. «¡Ahhhhh!», grité y aparté la mirada, sintiendo que podría vomitar la bilis que subía hasta mi garganta.

Sin embargo, a pesar de lo asqueroso y equivocado que eso me parecía, me sentía extrañamente atraído a ello. La siguiente vez que vi una pelea parecida, seguía cerrando los ojos ante los golpes violentos, pero en cierto modo no me pareció tan malo. Sin duda, la pelea fue brutal y siguió habiendo mucha sangre, pero mi perspectiva cambió. «Esto no es tan malo». Cada vez que lo veía, la brutalidad no parecía tan mala.

Ahora, años después y docenas de peleas después, soy el primero en gritar: «¡Pártele el brazo!» cuando veo las peleas con mis dos hijos. (Sí, Amy y yo hemos tenido muchas discusiones con respecto al porqué yo les permito ver eso y ella no.) ¿Qué ha sucedido? La pelea no ha cambiado. Son mis normas las que han cambiado. Lo que solía molestarme y entristecerme, ahora se ha convertido en un entretenimiento para mí.

Sin suciedad

Si queremos purificar nuestro corazón y nuestra vida, entonces debemos comenzar reconociendo las diversas toxinas y su punto de entrada en nuestra vida. Cuando se trata de cualquier cosa que consumimos, una pequeña cantidad de veneno supone mucho. El apóstol Pablo explicó esta verdad en una carta a sus amigos en Corinto. La iglesia corintia estaba llena de cristianos con buenas intenciones que habían caído víctimas de incontables tentaciones culturales. Pablo les preguntó claramente: «¿No se dan cuenta de que un poco de levadura hace fermentar toda la masa? Desháganse de la vieja levadura para que sean masa nueva, panes sin levadura, como lo son en realidad» (1 Corintios 5.6-7).

La levadura en la Biblia con frecuencia representa el pecado, de modo que Pablo claramente no está dando ningún puñetazo. (Me pregunto si él habría sido un fan de las artes marciales mixtas. Bueno, quizá no.) Esencialmente, les pregunta: «¿No pueden ver que su pecado está tomando las riendas? Un poco de pecado, o de veneno, hace mucho para destruir una vida. Libérense del pecado de modo que puedan vivir sin él, como Dios quiere».

Aquí está la mejor ilustración que conozco de esta intemporal verdad. Una amorosa madre demostró este principio a su hijo, Cade. Cuando sus amigos le invitaron a ver una película, una que acababa de salir en DVD y estaba calificada para mayores de 13 años, Cade le rogó a su mamá que le permitiera verla. Su mamá le hizo las preguntas usuales: «Cariño, ¿es una buena película, que no hará daño a tu caminar cristiano?».

Sabiendo que tenía escenas menos que apropiadas, Cade arrastró un pie tras otro y buscó las palabras correctas. Al no querer mentir a su mamá, intentó caminar por el límite de la verdad. «Bueno, no es tan mala como muchas películas», dijo con entusiasmo. «Y todos mis amigos la han visto. Hay solo unas pocas cosas malas en ella». Mantuvo la respiración, esperando el veredicto final de su mamá para tratar sobre su destino de si ver o no la película.

Su mamá sonrió y dijo: «Bueno, claro, cariño. Ya que solo hay "unas pocas cosas malas en ella"». ¡Cade se quedó perplejo! Antes de que ella cambiara de opinión, el agradecido adolescente salió rápidamente para su cuarto, envió un mensaje de texto a sus amigos con la buena noticia, y después se perdió en su juego favorito de iPad.

Ahora bien, si es usted padre o madre, probablemente ya sabrá que la mamá de Cade tenía algo bajo su manga. Se dirigió a la cocina y comenzó a poner en práctica su plan. Eligió la masa favorita de su hijo para pastel de chocolate de la despensa, añadió el agua, los huevos y el aceite requeridos, y batió la mezcla en un gran bol blanco. Mientras el horno se calentaba, la astuta mamá de Cade salió al patio trasero para conseguir su ingrediente secreto. Buscando cuidadosamente entre la hierba, descubrió algo que su perro Ginger había dejado allí recientemente.

Regresó a la cocina, puso una cucharadita del ingrediente secreto de Ginger en la masa, puso la espesa masa de chocolate en un molde, y después programó en el horno veinte minutos de horneado. Justamente cuando ella sacaba el pastel de chocolate del horno, Cade bajó por las escaleras.

«¿Estoy oliendo mi pastel de chocolate favorito?», preguntó con emoción.

«¡Así es!», dijo su mamá sonriendo. Después de dejarlo enfriar por unos momentos, la mamá de Cade cortó el pastel tibio y puso un pedazo grande en su plato. Justamente antes de que el tenedor pinchase un pedazo, ella le detuvo, y mencionó de modo casual: «Solo para que lo sepas, añadí un ingrediente especial esta vez». Hizo una pausa sin mostrar una sonrisa. «Puse una cucharadita de la caca de Ginger en tu pastel».

«¡Qué?», gritó Cade, asqueado inmediatamente. «Mamá, ¿estás loca? ¿Por qué hiciste eso?», dijo a la vez que apartaba su plato.

La mamá de Cade se acercó al frigorífico y le puso a su hijo su vaso de leche. «No te preocupes, cariño. No puse mucha caca en el pastel. Solo un poco de cosas malas».

Él arqueó sus cejas, pero ella había hecho entender su punto y lo sirvió con estilo casero. Cade entendió que él no iría a ver la película.

¿La moraleja de la historia? Un poquito de caca hace mucho.

Hágase la pregunta: ¿Hay un poquito de caca en los medios de comunicación que normalmente le gustan? ¿Le conducen sus amigos a lugares o situaciones que apestan? ¿Qué acerca de los programas de televisión que usted ve regularmente? Vuelva a pensar en lo que ha visto esta última semana. Escoja un programa, cualquier programa. ¿Qué le parece *The Bachelor* [El soltero]? Además de toda la piel y las parejas sexuales de una noche, ¿qué mensajes sutiles (o no tan sutiles) envía este programa? Las respuestas: (1) todo el mundo es picante, (2) el amor se encuentra mejor en helicópteros que vuelan sobre cataratas, y (3) si no puede decidir con quién casarse, pase la noche practicando sexo con las tres antes de decidir no casarse con ninguna de ellas. Muy bien, lo siento; admito que no soy fan del programa, aunque tendrá que darme puntos por haberme quedado sentado viendo un episodio completo.

¿Y qué de las novelas de romance en las listas de mejores ventas? ¿Cuál es su mensaje? El hombre con el torso desnudo que limpia su piscina le dejará anonadada y practicarán sexo al lado de la piscina durante el resto de sus vidas. ¿No lee usted novelas románticas? ¿Y qué de *Maxim*? ¿Cuál es el mensaje? Debería usted tener abdominales perfectos para poder disfrutar del sexo con al menos tres muchachas por semana. Lo que usted consume puede que tenga solo un poco de veneno, pero como ya sabe, un poco de veneno hace mucho.

Mamá tenía razón

Tendrá que admitir que nuestros padres tuvieron que estar en el equipo de debate en algún momento. ¿Dónde si no aprenderían la clásica frase: «Si todo el mundo se tira por un barranco, ¿lo harías tú? Solo porque todo el mundo lo haga no significa que esté bien?». Ahora se me pone el vello de punta cuando me oigo decir exactamente lo mismo a uno de nuestros hijos. Tengo que admitirlo: mamá tenía razón.

Me gusta el modo en que Eugene Peterson expresa Romanos 12.2: No se ajusten tan bién a su cultura que encajen en ella sin ni siquiera pensar. En cambio, pongan su atención en Dios. Serán cambiados desde dentro hacia fuera. Reconozcan de inmediato lo que él quiere de ustedes, y respondan a ello rápidamente.

Contrariamente a la cultura que les rodea, que siempre les arrastra a su nivel de inmadurez, Dios saca lo mejor de ustedes, y desarrolla una madurez bien formada en ustedes.

Es muy fácil convertirse en un camaleón cultural y mezclarse, conformarse y llegar a ser como la cultura que le rodea. Y a medida que su discernimiento llega a camuflarse entre las normas culturales, sus prioridades espirituales desaparecerán. Si no quiere usted desaparecer en la cultura mundana, entonces debe estar dispuesto a destacar.

Puede permitir que la cultura le arrastre hacia abajo, o puede pedir a Dios que le levante. No se engañe por lo que es popular y es considerado aceptable por la mayoría. Recuerde lo que Jesús dijo en Mateo 7.13–14: «Entren por la puerta estrecha. Porque es ancha la puerta y espacioso el camino que conduce a la destrucción, y muchos entran por ella. Pero estrecha es la puerta y angosto el camino que conduce a la vida, y son pocos los que la encuentran». La multitud sigue el camino espacioso. Solo unos pocos están en el camino correcto. ¿Cuál de ellos recorre usted?

Tenemos que reconocer que la mayoría no siempre tiene razón. Solamente porque todos los demás hagan algo, no hace que eso sea correcto. Incluso si todos los demás creen que ver, leer, navegar o escuchar algo es aceptable, será sabio detenerse y preguntar a Dios si eso es lo mejor que Él tiene para usted.

Como creyentes en Cristo, somos llamados a vivir una vida santa; se nos enseña que seamos santos porque Dios es santo (1 Pedro 1.16). La palabra griega traducida como «santo» es *hagios*, que significa «ser apartado» o «ser diferente». Conlleva un contraste inherente y puede ser traducida como «ser como el Señor y diferente del mundo». Si no somos diferentes en nada, quizá se deba a que no conocemos a Cristo o no estamos viviendo el compromiso que hicimos de conocerle.

Reportes del consumidor

Una persona sabia me dijo: «Solo porque tú *puedas* hacer algo no significa que *deberías* hacerlo». Y la verdad es que tenemos una tremenda libertad en Cristo. Si solamente estamos intentando «seguir las reglas» para poder sentirnos bien por lo estupendos cristianos que somos, entonces estamos fallando el blanco, por no mencionar que nos estamos perdiendo gran parte del gozo en la vida. Debemos aprender a discernir, a equilibrar la libertad que tenemos en Cristo con las claras normas que Dios nos da para ser apartados en medio de un mundo pecador.

Por ejemplo, ¿podría yo quebrantar la ley y conducir a veinte kilómetros por encima del límite de velocidad y aun así ir al cielo cuando muera? Claro que podría. ¿Debería hacerlo? No, pero podría. ¿O podría comer montones de comida basura, nunca hacer ejercicio y volverme perezoso, obeso, sin estar en forma, y aun así amar a Jesús? La respuesta es sí, podría. ¿Debería hacerlo? De nuevo, eso no sería sabio. ¿Y otra más? ¿Podría meterme en una deuda inmensa al comprar montones de cosas que no puedo permitirme y meterme en áreas financieras profundas, y aun así ser un seguidor de Jesús? Obviamente, podría hacerlo. ¿Pero debería hacerlo? No. Solamente porque pueda hacerlo no significa que debiera.

En otras palabras, incluso si usted tiene la libertad de hacer algo que no le matará, eso no significa que sea sabio. Pablo, al hablar de nuevo a los creyentes corintios, dijo: «"Todo me está permitido", pero no todo es para mi bien. "Todo me está permitido", pero no dejaré que nada me domine» (1 Corintios 6.12).

Apliquemos este principio a los medios de comunicación que consumimos. ¿Podría leer yo un artículo en la revista *Cosmo* titulado «Cuarenta y tres maneras de volver loco a su amante en la cama?». Sí. ¿Debería leerlo? Usted es el juez. ¿Y qué de hojear las páginas de *GQ*? ¿Debería pasar mi tiempo obsesionándome por las últimas modas masculinas y mirando fijamente anuncios de mujeres casi desnudas? Seamos sinceros. ¿Es así como Dios quiere que usted invierta la vida que Él le dio? ¿Puede usted ver *Mujeres Desesperadas* y estar entretenido por quién se acuesta con quién en Wisteria Lane esta semana? Claro. ¿Debería hacerlo?

Algunas personas no están de acuerdo conmigo, pero me niego a adoptar una postura legalista y trazar una firme línea basándome en las normas de otra persona. Por ejemplo, cuando se trata de cine, he oído a respetados líderes cristianos decir: «Ir a ver una película para mayores de edad *siempre* es malo». Otras personas dicen que un cristiano nunca debería escuchar música secular. Esa es una línea estúpida y legalista que trazar. Aunque entiendo la intención que tienen, también creo que un cristiano maduro debería tener suficiente sabiduría para decidir qué película (o cualquier otra influencia cultural) es útil o dañina.

Es crucial entender el hecho de que seamos llamados al discernimiento y no al adoctrinamiento. *La pasión de Cristo* fue clasificada para mayores de edad por su brutal violencia; sin embargo, la mayoría de los cristianos están de acuerdo en que la película tiene un tremendo valor espiritual. Pero al mismo tiempo tiene que haber una línea en alguna parte. A medida que usted ora, creo que Dios le mostrara dónde trazar la línea.

Por tanto, podría usted preguntar: «¿Cómo sé qué influencias son buenas y cuáles son malas?». Me alegra que lo pregunte. A veces puede que sea realmente obvio. Si alguien le invita a ver una película titulada *La virgen se suicida* o *La venganza del infierno*, solamente el título probablemente debiera servir como una justa advertencia. Cuando su compañero de la escuela le invite a unos tragos de vodka antes de ir a un concierto del grupo Lord of Death (El señor de la muerte), querrá pensárselo dos veces. Si su prioridad es una vida pura, entonces debería saltarse esa fiesta.

Pero se enfrentará a muchas situaciones que no son tan obvias. He oído decir a personas: «Deje que su conciencia sea su guía». Si usted no se siente mal al respecto, ¿por qué no disfrutarlo? Esto suena lógico y con frecuencia lo es, pero no siempre. Ahí está el problema. La Biblia dice que su conciencia puede estar encallecida (véase 1 Timoteo 4.2). Piense en un jugoso filete que es cocinado al grill. Si deja ese filete en el grill demasiado tiempo, se pondrá tan duro y tan reseco como una suela de zapato, independientemente de lo tierno que estuviera antes. Después de suficiente mala conducta o influencias, la conciencia de la persona ya no es una guía precisa.

He oído a algunas personas defender aquello que ven, leen o disfrutan diciendo: «[Rellene el espacio] no me molesta». Quizá la violencia no les molesta. O las malas palabras no les molestan. O el humor picante no les molesta. Solo porque algo no les moleste no significa que no debiera molestarles.

Otros han dicho: «Si algo le hace feliz, entonces no debe de ser tan malo». ¿El problema? Cuando la felicidad se convierte en nuestra norma para juzgar la verdad, cosas que nos hacen felices nos dan permiso para hacer algunas cosas que de otro modo serían consideradas erróneas. Por ejemplo, cuando las parejas cristianas se casan, generalmente prometen ante Dios permanecer casados «en lo bueno y lo malo». Sin embargo, frecuentemente cuando uno de los cónyuges no es feliz, justifica abandonar el matrimonio para buscar la felicidad. ¿Por qué? Podría ser que lo haya visto en *Mujeres Desesperadas*, lo haya leído en *Cosmopolitan*, o tuviera otros tres amigos que hicieron eso mismo. Feliz no lo hace ser correcto.

Si no siempre está claro lo que es bueno y lo que no lo es, ¿qué deberíamos hacer? Yo sugeriría errar por el lado seguro. Si le ofreciera agua de un pozo y le dijera que hay un ochenta por ciento de probabilidad de que no sea venenosa, probablemente usted buscaría mejor agua embotellada. Juegue a lo seguro. Es mejor estar seguro que lamentarlo. (Siento haber sonado igual que su mamá otra vez.)

Hay dos breves versículos de la Biblia que ofrecen la mejor guía. En 1 Tesalonicenses se nos dice: «sométanlo todo a prueba, aférrense a lo bueno, eviten toda clase de mal» (5.21–22). Pruébelo todo. Si encuentra que es bueno, es un contenido, material o letra que honra a Dios, entonces aférrese a ello. Si es verdaderamente útil, disfrútelo. Pero si hay aunque sea un poquito de caca, algo tóxico y dañino para su alma, evítelo. Aléjese de ello. Apáguelo. Déjelo. Aléjese. Salga del edificio. Cambie de canal. «¡Corre, Forrest, corre!». No se exponga a nada que le distraiga de lo mejor de Dios.

A medida que discierne, aquí tiene tres preguntas que debe hacerse:

1. *¿Estoy siendo entretenido por pecado?* ¿Es pecaminoso este artículo, libro, programa, página web o película? Solo porque algo sea entretenido no significa que sea bueno para usted. Solo porque algo sea divertido no hace que sea correcto. Solo porque algo le ayuda a relajarse no significa que sea la manera correcta de relajarse. Imagine que yo le contase una broma racista muy divertida. ¿Sería apropiada mi broma solamente porque es divertida? Ser divertido no hace que lo equivocado sea correcto.

2. *¿Es esto agradable a Dios?* En caso de que olvidase quién es Dios, Él es el Creador que todo lo sabe, está siempre

presente y todo lo puede, y el Sustentador del universo.
Él es tan santo que no puede mirar el mal (véase Habacuc
1.13). Nuestras vidas deberían dar gloria y honra a Dios.
Si algo no honra a Dios, no lo consuma.

3. *¿Me tienta a alejarme de Cristo?* Lo que estoy consumiendo,
¿me acerca más a Cristo o me aleja de Él? Si es lo segundo,
entonces no quiero tener nada que ver con eso.

Balance de blancos

Si no cree que haya algo equivocado en todas las influencias culturales que invaden su vida diariamente, es probable que esté
interpretando el bien y el mal mediante unos lentes distorsionados. Nuestra iglesia hace videos cada semana para utilizarlos en
diferentes áreas del ministerio. Cada vez que uno de los miembros de nuestro equipo de video me graba, situamos un pedazo
de papel blanco delante de la cámara antes de comenzar. Esto se
denomina balance de blancos.

Hacemos eso cada vez porque la cámara no puede interpretar
los colores hasta que ve el blanco verdadero. Sin un balance de
blancos, una camisa azul podría verse gris o una bandera roja
podría parecer naranja. Cuando la cámara ve el blanco verdadero,
sabe cómo discernir todos los demás colores. Cuando usted ve el
blanco puro, o la verdad, puede ver con claridad que gran parte
de lo que aceptamos es dañino para nosotros y desagrada a Dios.

Este capítulo puede que le esté golpeando duro a estas alturas.
Si se está tomando este mensaje en serio, podría pensar de nuevo
sobre algunos de sus hábitos de consumo diarios. Incluso podría
pensar: «¡Ah, estupendo! Entonces ahora no puedo ver mi programa favorito; o leer mi libro favorito; o navegar por mis páginas favoritas. ¿Qué voy a hacer con mi tiempo?». Yo no puedo ser

su conciencia; pero permítame hacer algunas sugerencias sobre algunas maneras saludables de pasar el tiempo que ha sido dedicado a una dieta poco sana. Piense en pasar algo de tiempo con sus hijos. Sirva en su iglesia. Ofrézcase voluntario en su comunidad. Sea mentor de alguien. Visite un hospital o una residencia de ancianos. Dirija un grupo pequeño. Abra la Palabra de Dios. Sustituya esos repugnantes gérmenes culturales por hábitos transformadores que restauran la limpieza al alma.

Piense en lo distinta que será su vida cuando deje de consumir cosas que tienen un poco de veneno. En cambio, permita que la Palabra de Dios y la dirección de su Espíritu Santo reinicien su balance de blancos, reajusten su norma de lo que es bueno y malo, para que viva de una manera que dé gloria y honra a Dios.

11

Relaciones radiactivas

Amar a personas poco sanas
sin ponerse enfermo

Relaciónese con hombres de buena calidad
si estima su propia reputación;
porque es mejor estar solo
que en mala compañía.
—George Washington

Piense en sus familiares por un momento. ¿Quién es la persona difícil en su familia? Quizá sea su suegra. Ella parece normal a veces, pero después tiene esas locuras que hacen que usted quiera que le pongan una camisa de fuerza y le lleven a una habitación acolchada. Ella podría hablar sin parar sobre todas las cosas bonitas que su cónyuge hacía cuando era niño, incluso cuando está claro que su cónyuge aborrece que le recuerden eso. O quizá ella pasa por alto el cumpleaños de un nieto pero tiene predilección por otro. Podría vestir con colores estridentes, masticar chicle y jugar al bingo excesivamente. Quizá se lleva la sal y la pimienta cada vez que van a un restaurante, o pide ropa conjuntada en el canal de televisión Home Shopping Network para cada miembro de su familia.

O quizá sea su primo. Ya sabe, el que es descendiente de las familias Munster y Addams, un cruce entre tío Eddie y tío It. Él hace sentir incómodas a las personas solamente al estar ahí, con una escalofriante sonrisa en su cara sin razón alguna, siempre dispuesto a hablar de su programa de televisión favorito (normalmente algo como *Doctor Who* o *Cazafantasmas*). O quizá sea su chiflada tía que vive en otro estado y que ama los gatos y teje calcetines de bebé para usted (no para sus hijos) cada Navidad, aunque usted se graduó de la universidad hace años.

Sí, cada familia tiene uno, cierto tipo de persona loca y desquiciada, con la que es difícil tratar, y que hace que la vida sea desafiante para todos los que le rodean. Puede que esa persona esté enojada o sea necia, esté a la defensiva o aislada, sea mezquina o ilusoria, estridente o huraña, quejicosa o empalagosa, amargada o desconcertante, crítica o indulgente; ¡o todo lo anterior! Puede que esa persona haga que lo pasivo-agresivo se parezca a una nueva forma de artes marciales, y podría utilizar su viejo anillo que cambia de color según el estado de ánimo como semáforo, porque cambia muy frecuentemente.

Cada familia posee al menos una persona totalmente desafiante. Si está usted tentado a decirme que la suya no la tiene, entonces aborrezco ser la persona que se lo diga, ¡pero quizá esa persona sea *usted*!

Remolques tóxicos

Aunque estoy exagerando un poco, tiene usted que admitir que las personas que nos rodean pueden ser una gran bendición o pueden ser muy difíciles. Nuestros familiares, amigos y compañeros de trabajo pueden dar vida, ser amorosos e inspiradores, o pueden quitar vida, ser odiosos y deprimentes. Considere el círculo de personas que hay en su vida. ¿Tiene alguien en su vida que le alienta, le levanta y le lleva más cerca de Cristo? Si lo tiene, entonces dé gracias y aproveche cada oportunidad que pueda para disfrutar de su compañía. Sería sabio al pasar tiempo con esas personas que le hacen ser mejor.

Por otro lado, puede que pase mucho tiempo cerca de personas que le llevan en la dirección opuesta. En lugar de hacerle sentir mejor, esa persona siempre le destaca, encontrando fallos en la mayoría de las cosas que usted hace. En lugar de levantarle, le arrastra hacia abajo, asegurándose de que se sienta mal con usted mismo y con la vida en general. Son personas negativas, críticas y denigrantes. Quizá manipulen sus sentimientos o le tienten con cosas que hacen daño a su alma. Puede que les guste llenar su mente de dudas y medias verdades acerca de usted mismo, de otras personas o incluso de Dios. Algunas personas son útiles, y otras pueden ser la peor influencia tóxica a la que se enfrente usted en la vida.

Las personas más cercanas a usted puede que sean su mayor bien espiritual o su peor maldición espiritual. Aquellos con quienes más tiempo pasa pueden impulsarle a acercarse a Dios, a servirle con fidelidad y a agradarle en todo lo que usted haga. O las compañías tóxicas pueden corromper sus buenas intenciones y robarle las bendiciones que Dios quiere derramar sobre usted. Después de haber nadado en su venenosa presencia, le dejaron sentado en un charco de desechos, cuidando un alma corroída.

Mala sangre

Podría usted pensar que realmente no importa con quién pasa el tiempo. Usted es su propia persona, ¿verdad? Otros no le hacen ser quien usted es. Aunque es cierto que otros no pueden controlarle, también es cierto que otros pueden influenciarle, y lo hacen. Es tentador pensar que usted puede ayudar, o incluso rescatar, a quienes juegan en la cloaca de sus estilos de vida tóxicos. En algunos casos, usted podrá ayudar y alentar a esos individuos, pero si la mayoría de sus buenas relaciones son con personas que viven una vida que desagrada a Dios, con frecuencia ellos le arrastrarán mucho antes de que usted los rescate.

La Biblia dice claramente y directamente: «No se dejen engañar: "Las malas compañías corrompen las buenas costumbres"» (1 Corintios 15.33). Supongo que Pablo comenzó con «No se dejen engañar» porque cuando se trata de estar con el tipo de personas equivocado, muchos de nosotros podemos llegar a ser desviados, después tolerantes, y después corrompidos por aquellos que nos rodean. Suena como algo fácil que las personas tóxicas nos pondrán enfermos también a nosotros, pero en medio de las relaciones en la vida real, eso puede ser difícil de ver. E incluso cuando somos conscientes de una relación disfuncional, puede ser difícil hacer algo al respecto.

Precisamente esta noche regresábamos a casa de la iglesia cuando mi hijo pequeño, Stephen (a quien afectuosamente llamamos Bookie), llamó a su hermana pequeña «burra inútil». Cuando le pregunté dónde había oído la expresión, me dijo que un niño en su clase en la iglesia le enseñó ese nombre. Entonces Bookie me dijo varios otros nombres que el niño dijo y que Bookie sabía que probablemente nunca debería decir. ¿Apartó mi hijo a ese niño de decir ese tipo de nombres? Parece que no. En cambio, Bookie enseguida se puso al nivel del niño y se unió al juego de poner nombres. La mala compañía corrompe el buen carácter.

Anteriormente, en este año, pasé tiempo aconsejando a una pareja cuyas vidas habían sido devastadas por una aventura amorosa. El esposo, al que llamaré Sean, era conocido en la comunidad como un cristiano fuerte, pero había cometido algunos errores trágicamente pecaminosos y había participado en una relación sexual con una mujer más joven en su oficina. Cuando le pregunté qué había sucedido, Sean relató una larga historia sobre cómo comenzó a salir a tomar unas copas después del trabajo con sus compañeros de trabajo. Al principio, él pensó que podría ser un testigo para quienes no conocían a Cristo. Mientras los demás bebían cerveza y vino, él disfrutaba de un vaso de agua helada (con una rebanada de lima para dar sabor). Ellos se burlaban de él diciendo que era un «fanático de Jesús» o un «niño de coro» y entonces criticaban a las personas que ellos conocían y que afirmaban ser cristianas.

Poco después, sin embargo, Sean se encontró deslizándose hacia esa misma conducta en lugar de arrastrar a los demás hacia la de él. Comenzó a reírse de sus bromas inapropiadas y a disfrutar de sus insinuaciones sexuales. Ocasionalmente criticaba a alguna iglesia en la ciudad y a otros cristianos. El quería pertenecer y no quería ser considerado diferente o extraño. Lo que antes molestaba a Sean comenzó a intrigarle.

Después de presiones constantes, se unió a sus amigos en las «bebidas de adultos». En lugar de agua, bebía Coronas (aun con una rebanada de lima, solo para dar sabor). Y aunque Sean amaba a su esposa, a una de las mujeres más jóvenes del grupo le encantaba flirtear con él, especialmente cuando habían bebido algunas copas. Una cosa condujo a otra, y ahora este hombre y su esposa destrozada estaban sentados delante de mí intentando recoger los pedazos de un matrimonio destruido. Las malas compañías corrompen.

Pablo, al tratar con personas tóxicas, advirtió a Timoteo, su hijo en la fe espiritual: «Evita las palabrerías profanas, porque los que se dan a ellas se alejan cada vez más de la vida piadosa, y sus enseñanzas se extienden como gangrena» (2 Timoteo 2.16–17). No sé si usted habrá visto alguna vez gangrena, pero es una enfermedad asquerosa. La grave experiencia que carcome la carne comienza como una infección pequeña y simple, pero entonces la sangre deja de fluir hacia esa parte infectada, y el cuerpo se pudre. La enfermedad carcome cruelmente la carne, la cual se descompone un poco más día tras día.

No es una imagen muy bonita, pero sí describe con precisión lo que nuestra alma sufrirá si no tenemos cuidado con nuestras relaciones. La Biblia nos dice que nos mantengamos alejados de las discusiones que no son piadosas, o también nosotros nos descompondremos y nos corromperemos moralmente, siendo cada vez más impíos. Las malas compañías son tóxicas para nuestra alma. Las relaciones equivocadas corrompen, contaminan, infectan, pudren y destruyen el buen carácter.

Trinidad tóxica

Basándome en mis experiencias y observaciones, veo tres tipos comunes de personas tóxicas. Pueden encontrarse en la mayoría de cualquier familia, oficina, iglesia o barrio. El primer grupo son los que yo llamo los *críticos crónicos*. Son las personas que pueden encontrar fallos en todo, y me refiero a *todo*. Hace demasiado calor o demasiado frío, hay demasiada lluvia o demasiada sequía; el tiempo siempre es malo. El auto hace un ruido extraño y de todos modos es demasiado antiguo; necesita nuevos neumáticos y la tapicería se está agrietando.

Esas personas pican a los demás como una costra, y nada de lo que los otros hacen está bien. Ese corte de cabello parece un poco irregular, y usted probablemente pagó demasiado por él. Ese servicio de la iglesia es demasiado aburrido; o quizá es demasiado «entretenido» y la adoración tiene demasiado estilo «rock 'n' roll». La comida no es la que pidieron, y además de todos modos está fría. La persona con la que usted sale es un perdedor que nunca se casará. La película es aburrida y estúpida, con una mala actuación y una trama predecible. Y así siguen, y siguen, y siguen, día tras día, año tras año.

La persona crónicamente negativa le desgasta, arrastrándole a un día a día negativo. Su crítica nunca es constructiva. Su espíritu crítico atasca su corazón. Su murmuración infecta la opinión que usted tiene de otros. Algunos tienen el don espiritual del aliento; estas personas tienen el don impío de la queja.

Después de que Dios liberase a los israelitas de la esclavitud, ellos cayeron en la categoría crónicamente negativa. Dios hizo milagro tras milagro y les bendijo sin medida, pero nada era lo bastante bueno para ellos. Al menos catorce veces en Éxodo y Números, los israelitas se quejaron: «Ojalá nunca hubiéramos salido de Egipto. Estoy harto de esta comida. Nunca llegaremos a la Tierra Prometida. ¿Por qué estamos aquí? Esto tomará para siempre; habría sido mejor si nos hubiéramos muerto». Bla, bla, bla, bla. Con el tiempo, los crónicamente negativos pueden derribar incluso al alma más positiva.

El segundo tipo de persona tóxica es la *controladora*. Los controladores son dominantes, fuerzan sus maneras y opiniones sobre usted por encima de su voluntad. Podría parecer pequeño e insignificante al principio: ir a su restaurante o película favoritos. Poco después, ellos están escogiendo su universidad, su novio o su novia y su futura carrera. Si está usted casado con una persona controladora, podría sentir que está perdiendo su identidad personal. Apenas es capaz de tomar las decisiones incluso más sencillas usted solo, y siempre se rinde para evitar una pelea. Su cónyuge sabe cómo manipular, y blande el temor y la culpabilidad como armas que amenazan su alma.

Una joven señora me confesó que le encantaba adorar a Dios en la iglesia, pero tenía temor de que su padre se enterase de que ella estaba allí. Aunque tenía treinta y dos años, era esposa y madre de tres hijos, su padre, que vivía en otro estado, le prohibía asistir a una iglesia que no perteneciese a su denominación escogida. Durante toda su vida, el papá de esa mujer luchó por controlar lo que ella hacía. Los controladores puede que tengan buenas intenciones, pero sus dardos son venenosos.

Finalmente, el tercer tipo de persona tóxica es la *tentadora*. Este tipo le alienta a hacer cosas que usted sabe que no debería hacer y que normalmente incluso ni siquiera quiere hacer. Podría ser que su novio le presione para hacer cosas sexualmente, aunque usted haya dejado claro que prefiere guardar eso para el matrimonio. O podría ser que su amigo que fuma dos paquetes de cigarrillos al día le atraiga hacia el viejo estilo de vida destructivo contra el que tan valientemente luchó usted para dejar atrás. Podría ser su amiga rica que vive para las cosas materiales. Aunque usted sabe que la vida consiste en algo más que las posesiones, cada vez que está cerca de su amiga, desea lo que ella tiene. O quizá sean sus viejos compañeros de la secundaria, con quienes volvió a conectar en Facebook. Ellos no son personas horribles, pero le invitan a ir de fiesta con ellos y usted sabe hacia dónde conduce esa calle de una sola dirección.

Uno de mis mejores amigos es bombero. Este siervo cristiano ama a su esposa y se esfuerza por honrarla con pureza sexual de todas las maneras. Sin embargo, cada día que va a trabajar está rodeado por tentadores. Sus compañeros no son asesinos ni violadores de niños; son solamente hombres normales y corrientes, a quienes les gusta hablar de lo que cada día disfrutan los hombres: sexo. Sin principios cristianos para ralentizar sus apetitos sexuales, esos hombres se rodean de pornografía, pornografía y más pornografía. Mi amigo pasa veinticuatro horas cada vez con tentadores tóxicos que ponen a prueba su tenacidad a favor de la verdad.

Buenos límites

Si está siendo consciente de una relación tóxica con potencial para envenenar su vida, no tenga pánico. La buena noticia es que la Palabra de Dios está llena de ejemplos transformadores e instrucciones sobre cómo hacer que sus amigos y familiares regresen a la salud mediante el amor. En primer lugar, comenzamos aprendiendo a establecer límites saludables. Al igual que un ranchero rodea su propiedad y su ganado con una valla, también nosotros deberíamos tomar medidas protectoras y situarlas en su lugar para protegernos de malas influencias. ¿Qué hace una valla adecuadamente situada? Mantiene fuera lo malo y dentro lo bueno. Nuestros límites nos ayudarán a disfrutar de las personas buenas sin inhalar lo malo.

Si cree que eso suena innecesario, entienda que incluso Jesús establecía límites regularmente. Nuestro Salvador amaba a todos igualmente, pero no trataba a todos por igual. Existe una gran diferencia. Por ejemplo, Jesús reclutó a doce discípulos, no a mil doscientos ni a doce mil. Aunque Él amaba a todo el mundo con el mismo amor incondicional, no eligió a todos en el mundo entero para que estuvieran en su círculo íntimo.

Puede que también observe que cuando Jesús entraba en una aldea, multitudes se reunían esperando milagros. Jesús con frecuencia sanaba a algunas personas, pero no siempre sanaba las necesidades de todos. Con algunas personas, Él dejó sus límites explícitamente claros, en especial con los fariseos. Casi cada vez que vemos a los hipócritas fariseos relacionándose con Jesús, el Hijo de Dios toma el control y pone a los fariseos en su lugar; algunas veces casi brutalmente. Cuanto más presionaban los legalistas zelotes sus planes sobre Jesús, más presionaba Él a cambio con la verdad de Dios, y más fuertes y mayores edificaba sus límites. Jesús dejó fuera a algunos, poniendo límites para propósitos más elevados.

Incluso los más cercanos a Jesús se golpearon contra una pared de vez en cuando. Cuando el amigo y discípulo de Jesús, Pedro, intentó convencer a Jesús para que no entregase su vida, Jesús se giró y le dijo a Pedro. «¡Aléjate de mí, Satanás! Quieres hacerme tropezar; no piensas en las cosas de Dios sino en las de los hombres» (Mateo 16.23). Nadie pudo distraer a Jesús de los planes de Dios, ni siquiera sus seguidores.

Para que conste, no recomiendo que le diga usted a su abuela: «Eres gangrena para mí. Aléjate de mí, Satanás». Pero lo que tiene que hacer es estar dispuesto a establecer límites de modo que pueda ser más fuerte y ministrar mejor a las personas. A continuación hay dos cosas que puede aprender a decir para ayudar a establecer límites saludables.

En primer lugar, puede decir a las personas: «No permitiré que me hables o me trates de ese modo». No tiene usted que salir corriendo, llamar locas a las personas o levantar una señal que diga: «¡Mantenerse alejado!». En cambio, tan solo hable claramente a las personas. Cuando alguien quiere infectarle con murmuración destructiva, sencillamente explique: «Yo no participo». (Recuerde: Si alguien murmura con usted, murmurará también acerca de usted.) Levante un muro. Explique su postura. Mantenga su terreno.

Si todas sus amigas constantemente hablan mal de los hombres, dígales: «Yo tengo una opinión más elevada de los hombres.

Honraré a mi esposo. Ustedes pueden hablar de ese modo, pero no delante de mí». Trace una línea en la arena y no permita a las personas cruzarla. Si su compañero siempre le está señalando hacia muchachas bonitas, tentándole a la lujuria, explique con claridad: «No voy a soportar eso». No permita que otra persona le derribe. Establezca sus normas. Exprese su postura. Entonces permanezca firme. Puede que parezca difícil al principio, pero cuanto más practique, más cómodo se sentirá. No permitiré que me hable o me trate de esa manera.

En segundo lugar, puede explicar a las personas: «No voy a ir allí contigo». Si otros deciden vivir tóxicamente, usted no tiene que unirse a ellos. Por ejemplo, si usted solía tener un problema con el alcohol y su amigo le invita a una fiesta donde sabe que será tentado, con educación decline la invitación. Simplemente diga no y no se sienta presionado a tener que dar una explicación. *No*: esa palabra es una frase completa.

Si la persona con la que usted tiene citas le presiona sexualmente, dígale con firmeza: «No hay anillo, no hay esto, ¡no puedes tocarlo!». Entonces levántese, y comience a bailar y a cantar: «*If you like it and you want it, put a ring on it!* (Si te gusta y lo quieres, ¡ponle un anillo!)». En serio, no es necesario ningún video musical. Simplemente y claramente, dígale que eso no va a suceder antes del matrimonio. Sea amoroso pero firme. Su cuerpo le pertenece a Dios y usted vive para Él; punto. Si está casado y su antigua llama se pone en contacto con usted en Facebook y le invita a almorzar, levante una valla y diga: «No, gracias. No voy a ir contigo». No ceda. No vale la pena.

Fue un límite similar el que me condujo a conocer a Amy. Después de convertirme en cristiano en la universidad, dejé de hacer muchas de las actividades pecaminosas normales por las que se conoce a los muchachos universitarios. Cuando una muchacha no cristiana hizo un movimiento hacia mí, tentándome, yo tuve que tomar una decisión. ¿Caería en actividades no cristianas o me mantendría firme y dejaría claros mis límites? Con poca vacilación, le expliqué por qué no seguiría sus movimientos.

Ella se rio y me dijo que yo era extraño. Meses después, ella me encontró y me dijo emocionadamente que debería conocer a una muchacha que era tan extraña y tan fanática de Jesús como yo. ¡Y así fue como conocí a Amy! Seis hijos y veintiún años después, seguimos siendo tan fanáticos de Jesús y tan extraños. Es interesante que aquella tentadora es ahora una cristiana fuerte y ha sido una parte activa de nuestra iglesia. Dios es bueno. Y también lo son los límites situados apropiadamente.

Cortar de raíz

Yo no soy un gran fan de los gatos; pero soy un gran fan de mis hijos, a quienes les encantan los gatos, y por eso tenemos dos de esas criaturas que no son buenas para mucho: Binky y Freddy. (En realidad, me gustan secretamente los gatos. Sencillamente no puedo comerme uno entero yo solo.) Aunque el gato no es mi animal favorito, me entristecí cuando Binky fue golpeado por un auto. Ahora le quedan solo ocho vidas.

Nuestro veterinario nos dijo que debido a la gravedad de sus heridas, nuestro gato estaría más sano si le amputáramos la pata. La pata sin vida que estaba llena de infecciones ralentizaría, en el mejor de los casos, a nuestro gato; y en el peor de los casos, las infecciones podrían extenderse, amenazando las vidas restantes de nuestro gato familiar. Ahora, desgraciadamente, nuestro gato tiene solo tres patas (yo quise cambiarle el nombre y llamarle Trípode, pero los niños no me dejaron). Pero nuestro gato Binky está vivo.

Ya ve a dónde me dirijo con esto: a veces tenemos que tomar medidas drásticas a fin de preservar nuestra propia salud relacional.

Por duro que pueda parecer, quédese conmigo. Si usted intenta fielmente establecer límites saludables con una persona tóxica y esa persona sigue abusando, criticando, amenazando, tentándole o haciéndole daño, es momento de cortar la relación tóxica. Lo correcto que se debe hacer es cortar la relación para protegerse a usted mismo.

Para ser totalmente claro, no estoy hablando de divorciarse de su cónyuge. No nos divorciamos, abandonamos o dejamos fuera a nuestro cónyuge solamente porque estamos atravesando un período difícil. Si usted está teniendo una época difícil en su matrimonio, no entre corriendo al dormitorio gritando: «¡Eres tan tóxico que te abandono!». En cambio, llame a su pastor o a un consejero cristiano y trabaje en su matrimonio. Permita que lo diga de nuevo: no estoy hablando aquí de divorcio.

Tampoco estoy hablando de abandonar a uno de sus familiares. Debe de partir el corazón de Dios la frecuencia con que un padre o una madre abandonan a un hijo o un hermano deja de hablar con otro. Con la excepción del abuso extremo, la mayoría de los problemas pueden resolverse. Pero de vez en cuando, si una relación es tan tóxica que amenaza la salud espiritual (o la seguridad física) de otra persona, entonces es momento de amputar.

Vemos varios ejemplos de cortar relaciones en la Biblia. Cuando Pablo y Bernabé tuvieron un fuerte desacuerdo, en lugar de pelearse, acudir a los tribunales o murmurar por toda la ciudad, decidieron separar sus caminos (véase Hechos 15). En el Antiguo Testamento, Dios le dijo a su pueblo que no se casaran con personas que siguen falsos dioses (Deuteronomio 7), y el Nuevo Testamento les dice a los creyentes que no se unan en yugo con incrédulos (2 Corintios 6.14).

Deberíamos ser amigos de personas que no conocen a Cristo, hasta que ellos comiencen a minar nuestra fe y a herirnos espiritualmente. Entonces, si no podemos redefinir la relación y se vuelve cada vez más peligrosa, debemos cortar esa relación. Génesis 39 nos muestra un gran ejemplo cuando José sirvió con fidelidad y lealtad a su amo: Potifar. Él hacía cualquier cosa que la familia necesitara, hasta que la esposa de Potifar cruzó una línea y avanzó sobre José. La historia dice: «Entonces la mujer de Potifar lo agarró del manto y le rogó: "¡Acuéstate conmigo!". Pero José, dejando el manto en manos de ella, salió corriendo de la casa» (Génesis 39.12). Esperemos que llevase puestos los pantalones largos aquel día. Solo lo digo.

Notemos que José no se quedó por allí para compartir su fe con la esposa seductora. No se detuvo y le agarró de las manos para compartir una oración. En cambio, salió corriendo. Él cortó y puso fin a cualquier tipo de relación que tuvieran. Ella era gangrena, y por eso él cortó la relación de inmediato.

Si es usted adolescente y alguien le envía mensajes de texto sexuales y no se detiene, haga algo dramático. Si le ha advertido repetidamente y le ha pedido que lo deje, entonces cambie de número. Dígaselo a una persona adulta. No soporte ese tipo de abuso irrespetuoso. Si está usted en un negocio con alguien que insiste en hacer algo que no es ético, intente convencerle para que no lo haga. Si esa persona no cede y amenaza con dañar su reputación, salga de esa relación. Venda su parte. Corte sus vínculos. Ponga fin a la relación.

Si está usted casado y alguien en el trabajo flirtea con usted constantemente, y está comenzando a sentirse tentado, no se quede por ahí fingiendo que la situación mejorará. Si usted sabe en su interior que está jugando con fuego, salga del edificio. Si esa persona no se detiene, informe a un supervisor o al departamento de recursos humanos, o pida que le transfieran, pero no lo tolere. Corte la relación para que nadie se ponga enfermo.

Si está usted saliendo con alguien que es un idiota y todo el mundo lo sabe, rompa esa relación. Déjelo. Vuelva a lanzar ese pequeño pez al lago. Hágase a usted mismo un favor y deje de conformarse. ¿Por qué iba a insultar a Dios al conformarse con alguien que no es digno de usted? Cuando lo haya intentado una y otra vez, pero no haya podido desintoxicar a un amigo tóxico, es momento de dejarlo para que usted pueda sanar.

Último recurso

Antes de que comience a sacar a personas de su vida, permítame que reitere un punto importante. Descartar a personas debería ser una medida extraña y un último recurso. Basándome en mi experiencia, poner fin a relaciones es más común cuanto más joven sea usted. Por ejemplo, los adolescentes y jóvenes adultos con frecuencia trabajan para encontrar su identidad. A medida que las personas siguen descubriendo quiénes son (o quienes no son), podrían escoger algunas de las relaciones equivocadas a lo largo del camino y necesitar ponerles fin.

Poner fin a relaciones podría también ser más común para un cristiano nuevo. Si usted está saliendo de un estilo de vida muy pecaminoso y comenzando a seguir a Cristo, con oración puede ayudar a sus viejos amigos. Con frecuencia, sin embargo, su grupo anterior podría hacer daño a su nueva vida más de lo que usted podría ayudar a la vieja vida de ellos. Si ese es el caso, podría necesitar redefinir algunas relaciones o cortarlas por completo. Cuando tenga duda, Proverbios nos recuerda que juguemos a lo seguro: «El justo es guía de su prójimo, pero el camino del malvado lleva a la perdición» (12.26).

A medida que maduramos espiritualmente y con la edad, poner fin a relaciones debería ser cada vez menos común. Aunque docenas de personas han entrado y han salido de nuestras vidas y hemos redefinido muchas relaciones, no hemos tenido que dejar fuera a nadie en más de veinte años.

Lo más importante que se debe recordar es el porqué. Jesús se separó y dejó fuera a los fariseos para poder conocer a Dios y ministrar su amor. Si usted alguna vez ha tenido que distanciarse de alguien tóxico, la única razón es protegerse usted mismo para poder ser espiritualmente fuerte, conocer a Dios íntimamente y compartir su amor. Usted debe estar espiritualmente sano si quiere llevar el amor sanador de Dios a un mundo de personas enfermas.

12

Religión estropeada

Rechazar el legalismo mohoso, las iglesias consentidas y los cristianos agrios

La tendencia a convertir juicios humanos
en mandamientos divinos hace de la religión
una de las fuerzas más peligrosas en el mundo.
—Georgia Harkness

Siempre que estoy disfrutando de una estupenda conversación
con alguien a quien acabo de conocer y esa persona me pregunta
cómo me gano la vida, estoy tentado a mentir. Hasta ahora nunca lo he hecho, pero siempre pienso en decir que soy ingeniero
aeroespacial (astronauta suena un poco exagerado) o neurólogo
(cirujano cerebral suena muy común), cualquier otra cosa que no
sea la verdad.

Siempre que revelo que soy pastor cristiano, la conversación cambia. Si la persona es creyente, él o ella al instante cambian a la charla espiritual de yo también estoy en el club: «Gloria al Señor, pastor. ¡Gracias, Jesús!». Podríamos haber estado hablando de camionetas, fútbol universitario o gatos de tres patas, pero en el momento en que otro creyente descubre mi profesión, de inmediato comienza a hablar en idioma cristiano.

Sin embargo, si la persona no es cristiana, entonces en el momento en que descubre que soy pastor, su escudo sube con más rapidez que el de los que van en el *Enterprise* en una flota de klingons. En un vuelo reciente, me senté al lado de un hombre de negocios realmente agradable llamado Steve que no pudo realizar un escape cuando descubrió que yo soy pastor, pero yo me daba cuenta de que quería salir corriendo; ¡fue bueno que no estuviéramos sentados junto a una salida de emergencia! A la defensiva, él exclamó: «Bueno, ¡yo no soy religioso!». Yo asentí y dije: «No hay problema», e intenté regresar a la conversación de nuestras aplicaciones favoritas. Sin embargo, mi respuesta no debió de haber sido convincente para Steve, porque lo repitió y lanzó un tiro extra de advertencia por si acaso yo no había captado el primero: «Yo no soy religioso, y no puedo soportar a las personas religiosas».

Con el escudo de Steve firmemente en su lugar, yo le pedí educadamente que me hablase más sobre el negocio al por menor en que él estaba. Ignorando mi pregunta, me miró fijamente: «Mire, le dije que no soy religioso y que no me gustan las personas religiosas». Entonces me di cuenta de que debía de estar llevando alguna herida debido a experiencias pasadas con la religión y con personas religiosas. «Lo entiendo totalmente, y respeto su opinión», dije yo, todo lo amablemente posible, mientras hacía una silenciosa oración de socorro pidiendo a Dios sabiduría. «Hábleme más sobre por qué se metió en el negocio en que está», dije, esperando calmar la tensión cada vez mayor. «Le he dicho», repitió él, intentando simular que tenía el control pero claramente exasperado, «que no soy religioso, ¡y no puedo soportar a las personas religiosas!».

Le miré durante un momento en silencio, y entonces decidí decir la verdad a Steve: «Entonces tenemos mucho en común. Yo no soy religioso, ¡y tampoco puedo soportar a las personas religiosas!».

Steve se quedó mirándome extrañado, como una vaca que ve hamburguesas en un grill. «¿Qué quiere decir?», me preguntó. «Pero creí que era usted pastor».

Todo lo mejor que pude, le expliqué que Dios no envió a su único Hijo a la tierra a morir para establecer una nueva religión. Le dije a Steve que sinceramente no me gustan las personas que están envueltas en religión legalista, y que Jesús mismo corrigió muchas veces a ese tipo de persona en su ministerio en la tierra. Expliqué que Jesús vino a buscar a los enfermos, y no a quienes pensaban que estaban bien y que eran mejores que los demás.

Después de una larga conversación, Steve dijo: «Me cae usted bien; es sincero. Es usted el primer pastor no religioso que he conocido nunca».

Puede que sea uno de los mejores cumplidos que haya recibido jamás.

Náuseas religiosas

Contrariamente a lo que muchos creen, Jesús *no* vino a la tierra para hacernos religiosos. Él vino para hacernos libres. Jesús dijo que vuestro enemigo el diablo viene para robar y destruir, pero que Él vino para dar vida, y vida en abundancia (véase Juan 10.10). Él dijo que no vino a buscar a las personas que se autoproclaman justas, sino a los pecadores (véase Lucas 5.32). En su sentido más puro, el cristianismo no tiene intención de ser una de las religiones más importantes del mundo, sino más bien debe ser una relación con el único Dios, vivo y verdadero, mediante su Hijo Jesús.

Tristemente, la pureza del evangelio a menudo está manchada por personas venenosas. Cuando las personas se niegan a vivir por fe, cuando tienen miedo a confiar en Dios y en el poder de su amor, entonces normalmente recurren a alguna forma o fórmula. De hecho, la religión se define como cualquier sistema, conjunto de reglas, expectativas o regulaciones que prometen la aceptación de Dios a cambio del esfuerzo humano. Puede que suene correcto, pero no podría ser más equivocado y peligroso. Algunos eruditos incluso argumentan que la raíz de la palabra religión significa «regreso a la atadura». En lugar de progresar hacia la libertad espiritual, las normas religiosas hechas por el hombre conducen directamente a una cárcel espiritual donde las personas mueren una solitaria muerte pagana.

Puede ver un fuerte ejemplo de religión tóxica en el Nuevo Testamento. El apóstol Pablo era en muchos aspectos un plantador de iglesias. Conducía a las personas a Cristo en una región, levantaba nuevos cristianos como líderes, les capacitaba para que se ocupasen de una iglesia y después repetía el proceso en otra ciudad. Galacia era una de tales comunidades donde Pablo ayudó a comenzar una iglesia. Después de haberse trasladado a otra región, quedó devastado al descubrir que un grupo llamado los judaizantes le había seguido hasta Galacia y comenzó a añadir sus propias normas al evangelio de Cristo. Los judaizantes básicamente decían: «Lo que Pablo les enseñó acerca de Jesús fue un buen comienzo, pero para estar realmente a cuentas con Dios, necesitan a Jesús y necesitan ser circuncidados». En otras palabras, ellos creían que había que obedecer toda la ley judía.

Podrá imaginar la tensión para cada varón adulto incircunciso. En mi papel como pastor, es bastante difícil convencer a la mayoría de los hombres para que se bauticen, y mucho menos que se circunciden. (¿Puede verme al final de la reunión dirigiéndome a los miembros varones de nuestra congregación? «Si quieren estar a cuentas con Dios», comenzaría, y después mostraría un afilado escalpelo; bueno, ya he dicho bastante.)

Para contrarrestar la falsa enseñanza de los judaizantes, Pablo escribió una mordaz carta a la iglesia a la que amaba: «Me asombra que tan pronto estén dejando ustedes a quien los llamó por la gracia de Cristo, para pasarse a otro evangelio. No es que haya otro evangelio, sino que ciertos individuos están sembrando confusión entre ustedes y quieren *tergiversar el evangelio de Cristo*» (Gálatas 1.6–7, énfasis del autor). La palabra griega traducida aquí como «tergiversar» es *metastrepho*. Significa «manchar, corromper, distorsionar o envenenar». Las normas adicionales de los judaizantes contaminaban la pureza del evangelio con religión.

Qué no ponerse

Siempre que se tropiece con religión tóxica, probablemente verá dos problemas venenosos. El primero es que la religión le conduce a enfocarse en lo externo en lugar de en lo interno. La religión requiere un camino orientado hacia la conducta para agradar a Dios. Esas personas, con frecuencia bien intencionadas, se enfocan en una expresión externa en lugar de hacerlo en una transformación interna. La religión es nuestro esfuerzo por cerrar la brecha entre los seres humanos pecadores y un Dios santo. Tristemente, reduce la belleza del evangelio a una lista de cosas que hacer y no hacer. Las normas regulan la religión.

Pocos grupos practicaron la religión con la precisión de los fariseos en tiempos de Jesús. Consideremos el contraste: como cristianos, capacitados por el Espíritu de Dios, seguimos sus Diez Mandamientos. Jesús incluso redujo los diez a los dos más importantes: amar a Dios y amar a las personas. Los fariseos, por otro lado, ¡memorizaban y ejecutaban fielmente 613 mandamientos! Es como memorizar la instalación y las instrucciones de funcionamiento de su nuevo televisor 3D-HD. Sorprendentemente, los fariseos amantes de las normas en su mayor parte estaban a la altura de esos 613 mandamientos. Externamente, parecían ser personas muy buenas y que guardaban la ley; pero en su interior, sus corazones estaban orgullosamente enfocados en su superioridad y su justicia, no en Dios o en mostrar su amor a otros.

Cuando los fariseos oraban, querían ser vistos y oídos por las personas a medida que pronunciaban oraciones innecesariamente largas y ostentosas para impresionar a quienes miraban. Cuando daban dinero en el templo, levantaban su ofrenda para que todos la vieran, haciendo un espectáculo de su generosidad y demostrando una vez más lo rectos que eran. Jesús les advirtió una y otra vez con palabras sorprendentemente firmes. En Mateo 23.25 les dijo: «¡Ay de ustedes, maestros de la ley y fariseos, hipócritas! Limpian el exterior del vaso y del plato, pero por dentro están llenos de robo y de desenfreno». En otras palabras, ustedes limpiaron el exterior del recipiente que el resto de nosotros vemos, pero el interior está lleno de todo tipo de germen y de virus. Ustedes se ven bien por fuera, pero por dentro, donde realmente cuenta, su alma está sucia.

Dios aborrece el espectáculo externo. De hecho, en muchos aspectos, Life Church fue un resultado de mis frustraciones con la religión. Hace años, cuando tenía veintitantos, tuve una experiencia que confirmó mis deseos de desarrollar la iglesia de un modo diferente. Al ser el predicador invitado un domingo en la mañana en una iglesia hermana, me puse de pie y saludé a las personas mientras se aproximaban al santuario. Una mujer, que obviamente visitaba por primera vez la iglesia, se acercó tímidamente. Mientras todos los demás llevaban puestos sus mejores vestidos y trajes y llevaban grandes Biblias, la ropa desaliñada de aquella mujer parecía necesitar una buena limpieza desde hacía tiempo. Su cabello lo llevaba peinado hacia atrás y algunos mechones ocultaban sus ojos mientras ella miraba nerviosamente a todos los asistentes que le rodeaban.

Cuando se acercó, yo pensé para mí: «Dios, tú vas a hacer algo especial en su vida hoy». Justamente entonces, un hombre mayor que estaba a mi lado se adelantó y dijo: «Señora, llevamos puesta nuestra mejor ropa para venir a esta iglesia. ¿Es esa la mejor ropa que usted tiene?».

Ella se detuvo en seco, anonadada, y después se giró, se metió en su auto y se fue. Sigo orando por esa mujer hasta la fecha. Dios no mira el exterior (véase 1 Samuel 16.7). ¿Por qué se enfocan las personas religiosas en lo que la gente viste y pasan por alto el hecho de que el corazón de otra persona está buscando a Dios?

Con esta experiencia en mente, les digo las personas en nuestra iglesia que no me importa qué tipo de ropa tengan. Si tienen las mejores etiquetas, las peores etiquetas, o incluso etiquetas torcidas (¿recuerda mi fiasco con Izod?), vengan y adoren. Nuestro código de vestimenta es: por favor, vengan. Cubran lo esencial y vengan a Cristo. Si son ricos, pobres, blancos, negros, amarillos o naranjas, vengan para conocer la verdad de Cristo. Si han intentado ser buenos durante toda su vida o si han sido la peor persona que conocen, vengan a Cristo. Dios no mira el exterior. Dios juzga el corazón. Acudan a Aquel que les ama tal como son.

¿Mencioné que no puedo soportar a las personas religiosas?

Gas nocivo

La religión no solo se enfoca en lo exterior en lugar de en lo interior, sino que ese énfasis en lo externo produce un orgullo interno. Las personas religiosas que siguen normas creen que su conducta y sus creencias son correctas y que todos los demás están equivocados. Es como un alimento que se estropea: no solo es desagradable y feo, sino que también emite un olor nocivo.

Jesús relató esta historia a un grupo religioso orgulloso de sus conductas rectas: «Dos hombres subieron al templo a orar; uno era fariseo, y el otro, recaudador de impuestos. El fariseo se puso a orar consigo mismo: "Oh Dios, te doy gracias porque no soy como otros hombres —ladrones, malhechores, adúlteros— ni mucho menos como ese recaudador de impuestos. Ayuno dos veces a la semana y doy la décima parte de todo lo que recibo» (Lucas 18.10–12).

Es interesante que Jesús contrastase a un fariseo y un recaudador de impuestos. Mientras que los fariseos eran externamente religiosos, los recaudadores de impuestos eran lo contrario. En la época en que Jesús caminó sobre la tierra, las personas despreciaban a los recaudadores de impuestos más que a ningún otro. Considerados por la sociedad en la misma clase que los asesinos, los recaudadores de impuestos regularmente robaban al pueblo común. Como vivían en una época sin correo electrónico, cartas o computadoras, oírlo de parte de un recaudador de impuestos era el único modo en que las personas descubrían cuánto dinero debían. Ya que las personas no podían demostrar si el recaudador estaba mintiendo, él regularmente añadía un poco extra a la factura para guardárselo para sí mismo. Podrá imaginar por qué las personas les aborrecían tanto. Un fariseo ni siquiera permitía que el borde de su manto tocase a un recaudador de impuestos. Y el fariseo en el templo gritaba para todos: «Yo soy recto, y doy gracias por no ser como ese recaudador de impuestos de clase baja, inmoral y bueno para nada que está cerca de mí».

Sin embargo, incluso mientras el fariseo proclamaba: «¡Gracias a Dios porque no soy como este recaudador de impuestos de clase baja y de vida baja!», no podía ver su propio orgullo venenoso. El orgullo espiritual es casi imposible de ver en el espejo. Cuando alguien está convencido de que tiene la razón con respecto a la religión, cualquiera que intente corregirle obviamente está equivocado. La religión tóxica hincha a quien la posee. Contamina e infecta a los que toca.

Una vez, un hombre llegó a mi puerta para compartir su fe en Cristo. Emocionado por ver a un cristiano compartiendo su fe, decidí que practicase un poco. Unos minutos después de que comenzase su presentación, me di cuenta de que tenía que ser claro con él. «Soy realmente un cristiano comprometido», le dije, explicando lo impresionado que estaba con su testimonio.

«¿A qué iglesia asiste?», me preguntó emocionado. Sin revelar mi papel pastoral, le dije que era parte de Life Church.

Cuando oyó ese nombre, su expresión cambió. Mirando alrededor con nerviosismo, se acercó y susurró: «Mi pastor dice que el pastor de Life Church no predica la verdad».

Yo me acerqué y también le susurré: «Su pastor necesita ser circuncidado, y yo me ofrezco voluntario para hacerlo».

Muy bien, no dije eso; ¡pero vaya si tenía ganas de decirlo! ¿Por qué cree que muchos no cristianos no pueden soportar a los cristianos? Para comenzar, nuestro orgullo espiritual con frecuencia hace imposible que nos llevemos bien los unos con los otros. ¿Por qué tendríamos que ser mejores que otra persona? Algunos cristianos religiosos están tan convencidos de que su manera de desarrollar la iglesia es la única manera, y descartan y denuncian cualquier otro estilo o filosofía. Al hacerlo, inconscientemente se convierten en personas enfocadas hacia adentro y agrias. ¿Por qué querría alguien que no tiene a Cristo unirse a un grupo de personas religiosas sin alegría, cínicas, muy críticas y farisaicas? Afortunadamente, Jesús no vino para hacernos religiosos. Él nos trajo las buenas nuevas de la vida eterna.

Buenas noticias, malas noticias

Usted puede estar en la iglesia, como yo lo estaba de niño, y no entender el evangelio. Algunas personas tienen un «conocimiento de cabeza» de Jesús pero no un «entendimiento de corazón» del evangelio. Pierden su vida por muy poco. En lugar de saber sobre Jesús, necesitamos conocerle directamente mediante el evangelio.

El evangelio ofrece poder que da vida y transforma la vida por medio del regalo gratuito de Dios de la salvación. En tres versículos, aquí están las buenas noticias del evangelio resumidas claramente: «Por tanto, nadie será justificado en presencia de Dios por hacer las obras que exige la ley; más bien, mediante la ley cobramos conciencia del pecado. Pero ahora, sin la mediación de la ley, se ha manifestado la justicia de Dios ... Esta justicia de Dios llega, mediante la fe en Jesucristo, a todos los que creen» (Romanos 3.20–22). Es lo contrario a la religión, que son las malas noticias de normas, cargas y atadura. El evangelio es la buena noticia de gracia, libertad y vida.

Pablo explica tres elementos fundamentales en el mensaje del evangelio. Examinemos brevemente los tres para que el contraste entre el evangelio y la religión sea totalmente claro.

1. No puede ganarse la aceptación de Dios guardando la ley. La religión dice que usted puede agradar a Dios mediante sus esfuerzos u obras religiosas. Si lo intenta con fuerza y hace más cosas buenas que malas, podría calificarse para la aceptación de Dios. Pero Pablo demuestra que eso ni siquiera se acerca a la verdad. En cambio, él enseñó: «Nadie será justificado por hacer las obras de la ley». Nadie nos incluye a usted y a mí. En otras palabras, incluso la persona más religiosa, trabajadora y fiel de la tierra no será lo bastante buena para calificarse para el cielo. La justicia mediante el esfuerzo humano es imposible.

Cualquier cosa que diga lo contrario es religión tóxica. Sin embargo, personas, iglesias y denominaciones siguen imponiendo sus normas sobre las personas, conduciéndolas a un falso sentimiento de comodidad espiritual. Una persona religiosa podría decir orgullosamente: «Yo no bebo, no fumo, no masco, y no voy con mujeres que lo hacen», suponiendo que su conducta le hace ser justa. Su conducta nunca le hará ser justo.

Estas buenas noticias le liberan de intentar ganarse el favor de Dios mediante su duro trabajo. Puede usted intentar ser una buena persona, asistir a la iglesia, educar bien a sus hijos, dar dinero, evitar las malas películas, intentar no maldecir, y aun así seguirá sin ser justo. Nadie, y eso nos incluye a usted y a mí, puede ser lo bastante bueno para Dios por sí mismo.

2. El propósito de la ley es mostrarle que necesita usted un salvador. Pablo explicó que la ley nos hace conscientes de nuestro pecado. Dijo que mediante la ley llegamos a ser conscientes de nuestro pecado. Seamos sinceros: cuando usted conoce los Diez Mandamientos, queda claro que ha quebrantado varios, si no todos ellos. Sé que yo lo he hecho. La ley le muestra que no es usted lo bastante bueno y que necesita ayuda.

El evangelista y autor Ray Comfort hace una serie de preguntas para ayudar a las personas a ver su necesidad de Cristo. A continuación está mi versión de sus preguntas: ¿Ha dicho usted alguna vez una mentira? Si dice que no, acaba de mentir. Claro que ha mentido.

Ya que ha dicho una mentira, ¿qué le hace ser eso? Respuesta: un mentiroso. ¿Está listo para otra pregunta? ¿Ha puesto alguna vez algo por delante de Dios? De nuevo, estoy seguro de que sí. ¿Qué le hace ser eso? Respuesta: un idólatra. ¿Se siente ya mal con usted mismo? Sigamos. ¿Ha robado algo alguna vez? Yo lo he hecho. Si usted ha tomado algo que no le pertenecía, ¿qué es usted? Respuesta: un ladrón. Dicho con sencillez, somos pecadores mentirosos, idólatras y ladrones. Y la lista podría continuar. La ley nos muestra que no somos lo bastante buenos. Somos personas pecadoras que necesitan un salvador. No necesitamos religión. Necesitamos a Cristo.

3. *La justicia de Dios viene por la fe solamente en Cristo*. Pablo no podría haber sido más directo. Él dijo: «Esta justicia de Dios llega, mediante la fe en Jesucristo, a todos los que creen» (Romanos 3.22). ¡Vaya! Esta es la mejor noticia que oirá usted en toda su vida. Disfrute de nuevo lentamente de estas palabras que dan vida: «Esta justicia de Dios llega, mediante la fe en Jesucristo, a todos los que creen». Me encanta la palabra *todos*.

¿Qué le parecen algunas preguntas más? ¿Incluye el «todos» a quienes dudan, a los adúlteros o a quienes batallan con la lujuria? Claro que sí. ¿Incluye el «todos» a quienes maldicen, engañan o pierden los nervios cada vez que juegan al golf? Seguro que sí. ¿Y todas las personas que han sido heridas por la religión, han sido dañadas por las normas y envenenadas por iglesias tóxicas? ¡Obviamente sí! Cualquiera y todo aquel que ponga su fe en Cristo será hecho justo por medio de Cristo. ¡No hay mejores noticias imaginables!

Rodeado de un manto de gloria

Cuando yo era pastor asociado en una iglesia Metodista Unida cuando tenía veintitantos años, me sentaba en el frente de la iglesia en uno de cuatro tronos. Sí, es correcto, dije tronos. Técnicamente, supongo que eran solamente sillones de madera bonitos y demasiado grandes con inmensos cojines, pero para mí se parecían a tronos. Hasta la fecha no estoy seguro de por qué, pero los tronos no eran del mismo tamaño. Dos de ellos eran tronos de tamaño de rey y estaban reservados para el pastor principal y el hombre que era su mano derecha, y dos eran más pequeños, se veían menos importantes, tronos tamaño pequeño. Al ser el pastor nuevo y más joven, podrá suponer en qué trono me sentaba yo.

El pastor principal y otros dos ministros no solo se sentaban delante de toda la iglesia en sillas parecidas a tronos mientras todos miraban hacia nosotros, sino que también llevábamos mantos los domingos. Como si mi trono en cierto modo más pequeño no fuese suficiente para mantenerme humilde, los mantos también revelaban el rango. Los pastores ordenados que se sentaban en los tronos más grandes vestían mantos majestuosos con dos tiras verticales para que todos las viesen. Mi manto, por otro lado, se parecía a un manto de un coro de cuarenta años de antigüedad que alguien se puso para jugar al fútbol en el barro. Estaba manchado y no tenía tiras, lo cual proclamaba a todos que yo no era por completo pastor, sino solo un aprendiz.

Un domingo, mi pastor, Nick Harris, predicó un poderoso sermón sobre la justificación por la fe. Explicó apasionadamente que los cristianos son hechos rectos delante de Dios solamente por la fe en Cristo. Yo estaba sentado en mi trono pequeño tomando notas y diciendo «amén» en los momentos adecuados, ayudando a mi mentor y pastor. A mitad de su mensaje, como tenía mis piernas cruzadas debajo del manto, una pierna comenzó a dormirse. En lugar de ajustarme para que la sangre volviese a fluir, pensé que simplemente la dejaría seguir durmiendo. Pensé: «¿Por qué no?», y en cierto modo me divertía. (Ya sé que eso es evidencia de por qué me sentaba en el trono más pequeño y mi manto no tenía tiras.) Varios minutos después, mi pierna hormigueaba en toda su longitud, hasta el glúteo. Sonriendo para mí mismo porque casi había matado una de mis piernas, proclamé en voz alta un «¡Amén!» en la primera oportunidad.

Fue entonces cuando, de repente, el pastor Nick hizo algo que nunca había hecho antes ni tampoco hizo desde entonces. En mitad de su sermón, me miró y dijo: «Craig, levántese un momento».

¡Qué! ¡Oh no! No puedo levantarme. La mitad de mi cuerpo está en coma. ¿Qué voy a hacer?

Aterrado, me quedé congelado como una estatua.

«Craig», me instó Nick, amablemente pero en cierto modo con más fuerza, «por favor levántese».

Fue entonces cuando intenté levantarme. En el momento en que puse peso sobre mi pierna muerta, comencé a caerme hacia la zona de oración al lado del área del altar. Nick me agarró con una mirada que sugería que yo me había bebido el vino de la comunión entre reunión y reunión. Él me mantuvo todo lo derecho posible mientras yo ponía todo mi peso sobre mi pierna buena, con ambas piernas ocultas por mi deslucido manto. ¡Gracias a Dios por los mantos metodistas!

Nick me preguntó delante de toda la iglesia: «¿Es su manto un manto *bonito*?».

Yo no estaba seguro de cómo responder, pero él me guio con sus ojos, mostrándome que estaba buscando la verdad.

«Bueno, realmente no», dije yo, sin tener claro hacia dónde quería ir él con eso.

«¿Realmente no?», gritó Nick. «¡Es horrible! Su manto es viejo, deslucido y patético».

(Así que no fui yo el único que lo notó.)

«¿Qué piensa de mi manto? ¿Es bonito?», me preguntó, solicitando mi respuesta positiva. Apoyando mi respuesta, Nick continuó: «Sí, lo es. Mi manto está limpio, es bonito y perfecto en todos los aspectos». Fue entonces cuando su espontánea ilustración comenzó a cobrar vida propia.

Mi pastor me pidió que me quitase mi manto y lo cambiase por el de él. Con gran afecto, Nick puso su manto impoluto y superior sobre mí a la vez que mi viejo y deslucido manto caía a un lado sobre el piso. De repente, me sentí tremendamente humillado al saber que llevaba puesto un manto que no me había ganado y sin duda no me merecía.

Nick explicó con gran emoción que, por nosotros mismos, todos estamos sucios y muertos en nuestro propio pecado. Pero cuando Cristo vino, puso su manto de justicia sobre nuestro pecado. Ahora, debido a nuestra fe en Cristo, cuando Dios nos mira, no ve nuestro pecado. Nuestro Padre celestial ve solamente la justicia de Cristo. Todos nuestros pecados están cubiertos. Ante los ojos de Dios, somos puros.

La relación se desayuna la religión

¿Recuerda la historia que Jesús relató sobre el fariseo y el recaudador de impuestos? El religioso fariseo estaba de pie con valentía en la sinagoga y proclamaba: «¡Miren lo justo que soy! Hago todas estas cosas buenas. Gracias a Dios que no soy como ese recaudador de impuestos bueno para nada». Jesús nunca soportó ese tipo de orgullo religioso. Para establecer su punto, Jesús continuó su historia: «En cambio, el recaudador de impuestos, que se había quedado a cierta distancia, ni siquiera se atrevía a alzar la vista al cielo, sino que se golpeaba el pecho y decía: "¡Oh Dios, ten compasión de mí, que soy pecador!"» (Lucas 18.13). En lugar de tener orgullo en sí mismo, este recaudador de impuestos arrepentido clamaba a Dios pidiendo misericordia.

Sin duda, Jesús asombró a quienes le escuchaban con un giro tan inesperado: «Les digo que éste, y no aquél, volvió a su casa justificado ante Dios. Pues todo el que a sí mismo se enaltece será humillado, y el que se humilla será enaltecido» (Lucas 18.14). En esencia, Cristo tomó su manto de justicia y cubrió los pecados del recaudador de impuestos, al igual que hace con sus pecados y los míos en la actualidad.

La religión tóxica intenta añadir botones, pedazos y etiquetas extra a la perfecta y completa vestidura de la justicia de Cristo. La religión es Cristo más cualquier otra cosa. En Galacia, algunos pensaban que era Cristo más la circuncisión. En nuestro mundo, podría ser Cristo más la membresía de una iglesia, o Cristo más el diezmo, o Cristo más la doctrina o teología «correcta». Pero el evangelio es Cristo más *nada*. La obra final de Cristo en la cruz es todo lo que necesitamos. Para ser hechos justos delante de Dios, solamente creemos en su Hijo. Por la fe, entramos en una relación con Dios mediante su Hijo resucitado: Jesús.

Contrastemos la religión tóxica con el evangelio puro. La religión se trata de lo que yo hago. El evangelio se trata de lo que Jesús ha hecho. La religión se trata de mí. El evangelio se trata de Jesús. La religión destaca mis esfuerzos para hacer lo correcto. El evangelio destaca lo que Cristo ha hecho ya. La religión me lleva a creer que si obedezco a Dios, Él me amará. Pero el evangelio me muestra que debido a que Dios me ama, yo llego a obedecerle. La religión pone la carga sobre nosotros; tenemos que hacer lo correcto. Una relación con Cristo pone la carga sobre Él. Y debido a lo que Él hizo por nosotros, nosotros podemos hacer lo correcto. En lugar de una obligación, nuestra vida recta es una respuesta a su regalo.

Entregar a Cristo toda nuestra vida es la única respuesta razonable a tal amor. No hay nada más que tengamos que hacer. *Nada*.

Limpio y sobrio

La religión pura y sin mancha delante de Dios nuestro
Padre es ésta: atender a los huérfanos y a las viudas en sus
aflicciones, y conservarse limpio de la corrupción del mundo.
—Santiago 1.27

Felicidades por haber recorrido todo este libro. Si ha leído de pasta a pasta, le ha ido mejor de lo que me va a mí con frecuencia. No puedo contar el número de libros que he comenzado a leer, subrayando y destacando mis partes favoritas, solamente para quedarme atascado después de tres capítulos y dejar el libro leído en parte enterrado en un cajón justamente al lado de un montón de mis otras buenas intenciones. (Si ha saltado a la conclusión como hace mi esposa a menudo, no estoy hablando de usted. ¡Reste diez puntos de su marcador si es usted un saltador!) Por otro lado, si ha leído en oración y con un corazón abierto delante de Dios, creo sinceramente que nuestro Padre celestial desea hacer algo especial en su vida.

Pero aquí está la realidad de su situación. Este puede ser otro libro que usted leyó sobre cómo tener una fe más fuerte y un caminar más cercano con el Señor, etc., etc., etc. De hecho, puede que ya se le hayan ocurrido muchas excusas estupendas en cuanto a por qué la enseñanza de la Palabra de Dios que hay entre estas páginas no se aplica a usted. Al igual que la oración pública de agradecimiento del fariseo diciendo que él no era como el recaudador de impuestos y otra gentuza, puede que usted sienta orgullo por saber ya todo lo que ha leído hasta aquí. Puede que se sienta un poco engreído porque ya se sabe muy bien todo esto de Dios. Está usted seguro de que ayudará a otras personas, y está agradecido porque usted no necesita hacer ningún cambio en su vida como lo necesitan ellas.

O quizá usted no haya sido el tipo de persona que asiste a la iglesia y cree en Dios. Leer un libro cristiano completo podría haber sido un poco desafiante para usted. Podría sentirse tentado a descartar todo esto de la Biblia catalogándolo de autoayuda sentimental, en el mejor de los casos, y una muleta para los débiles de voluntad, en el peor de los casos.

O si es usted un cristiano comprometido, un cristiano nominal o alguien que busca la verdad, leer este libro podría ser el catalizador que le impulse a cambiar, a aceptar sus errores y admitir que esta vez quiere ser diferente. Usted quiere desesperadamente vivir una vida más pura, una vida más santa, una vida en busca de este Padre celestial que le colma de su amor, una vida que sigue los pasos de Cristo, entregando su vida por otros, viviendo un propósito gozoso que es más satisfactorio que cualquier cosa que este mundo pueda ofrecer.

Por tanto, vayamos al grano. Es momento de decisión. ¿Qué quiere usted hacer? ¿Quiere terminar las pocas páginas que quedan, marcar este libro en su lista y regresar a la vida tal como era? ¿O desea algo más, algo diferente, algo mejor? ¿Quiere verdaderamente que Dios le revele los contaminantes, las toxinas y los venenos que llegan a usted desde todas direcciones? ¿Quiere usted que Él le limpie y sustituya el veneno por paz, compasión y gozo sobrenaturales?

La decisión es suya. Puede usted cubrir la basura espiritual que se ha acumulado en su vida o puede hacer algo valiente y aceptar sus errores del pasado, mirando hacia adelante a algo mejor. Si usted decide que quiere algo diferente, permítame que le advierta: tiene un enemigo decidido a detenerle en seco. Acepte la advertencia: puede que sea más difícil que nunca cambiar viejos hábitos. Vivir una vida limpia es una expectativa que da qué pensar.

Excusas, excusas

Mire, el problema es que en cuanto usted decide ser diferente, su enemigo le da excusas para quedarse igual. En el momento en que usted toma una decisión, comienza a pensar otra vez en esa decisión porque cuanto más piensa al respecto, más le parece que su meta en realidad no vale la pena el esfuerzo. Envenenados por la complacencia y adictos a la mediocridad, inmediatamente comenzamos a convencernos a nosotros mismos para no buscar lo que más deseamos. Antes de darnos cuenta, nuestras buenas intenciones se quedan a un lado como las resoluciones de Año Nuevo que se desvanecen en febrero.

¿Por qué es tan difícil mantener nuestras metas bien intencionadas? Yo creo que se debe a que la mayoría de nosotros tenemos buenas intenciones en lugar de tener intenciones de Dios, y hay una tremenda diferencia. Las buenas intenciones giran en torno a nosotros. Decimos: «Aquí está lo que me gustaría que fuese diferente en mi vida». Las buenas intenciones están centradas en mí. Las intenciones de Dios, por otro lado, están centradas en lo que nuestro Padre quiere para nosotros. Nuestras intenciones tienden a enfocarse en lo que creemos que queremos, pero las intenciones de Dios se enfocan en lo que Él sabe que necesitamos. En lugar de confiar en nuestras propias capacidades, nuestra propia fuerza, nuestra propia resolución firme, si tenemos las intenciones de Dios, confiamos por completo en el poder de Dios para hacer lo que Él quiere que hagamos. Y su poder es infinitamente más fuerte que muestra mayor excusa.

Fuerza del porqué, no fuerza de voluntad

Por tanto, si queremos que Dios termine lo que Él comenzó en nosotros, ¿cómo podemos dejar de poner excusas? ¿Cómo podemos soltar nuestras buenas intenciones de cambiar y aceptar en cambio las intenciones de Dios? Yo creo que la respuesta está en cómo respondemos a un par de preguntas. En primer lugar, después de haber leído este libro, ¿qué quiere Dios que sea diferente en su vida? Sí, me ha oído bien. ¿Qué quiere Dios, el Creador del universo que le ama y tiene grandes planes para usted, cambiar en su manera de vivir? Le desafío a que considere en oración esta pregunta, que le pregunte a Dios con sinceridad y honestidad. Lo que Dios quiere puede que sea precisamente lo mismo que usted quiere, pero cuando atribuye la idea a Dios en lugar de a usted mismo, eso cambiará el modo en que usted enfoca el cambio.

Quizás Dios quiera que sea más consciente de usted mismo. A medida que descubra sus fortalezas y debilidades, Dios podría avivarle a comenzar un ministerio, lanzar un negocio o escribir su propio libro. O quizá Dios quiera renovar su mente, sustituyendo mentiras tóxicas por verdades intemporales. Ha estado usted atenazado por el temor, y su veneno ha evitado que obedezca lo que Dios puso en su corazón. Quizá tenga algunas relaciones que encajan en la categoría de «malas compañías». Dios le mostró claramente que debería hacer algunos cambios, pero usted vacila, sin querer herir los sentimientos de alguien o fomentar controversia. Sea sincero. ¿Qué le está mostrando Dios que debería ser diferente en su vida?

Cuando usted tenga una idea de lo que Dios le llama a hacer de modo diferente, entonces considere la otra pregunta importante que debe de responder: *¿por qué* quiere Dios que eso sea diferente en su vida? ¿Por qué querría Él hacer ciertos cambios en este momento? Conectar los puntos entre «lo que Él pide» y «el porqué lo pide» es crucial si quiere usted experimentar un cambio duradero y transformador. Cuando conecte el porqué espiritual con el qué, encontrará poder y motivación divina para lograr el cambio.

Consideremos un par de ejemplos. Quizá cuando usted considere en oración lo que Dios quiere que cambie en su vida, crea que Él quiere que deje de ver ciertos programas (o leer ciertos libros, o visitar ciertas páginas web, o escuchar cierta música). ¿Por qué quiere Dios que usted limite su ingesta de medios de comunicación? Bien, porque esas cosas son malas, ¿no?

No, eso es usted respondiendo al porqué, ¡no Dios! La respuesta de Él está basada en el hecho de que su cuerpo es templo del Espíritu Santo. Él quiere que usted tenga la mente de Cristo. Él quiere que usted viva como Cristo vivió, como Cristo amó, y que haga lo que Cristo hizo. Pero cuando usted envenena su mente, limita su vida. Dios quiere algo mejor para usted.

O quizá después de preguntar a Dios lo que Él quiere cambiar en su vida, descubra que Él realmente quiere que usted deje de creer la mentira de que más cosas son igual a una vida mejor. Dios le está impulsando a simplificar, a salir de la deuda. ¿Por qué quiere Dios eso para usted? ¿Porque el materialismo es malo y la deuda es peor? No, esa es la idea de usted.

Dios quiere que usted sea libre de servir a las cosas más bajas de este mundo. Dios desea que usted conozca el verdadero gozo de servirle solamente a Él y no a las cosas creadas. ¡Dios le quiere libre! Libre de desear este mundo y anhelar cosas que no durarán; libre de la atadura de la deuda. Dios quiere darle algo mejor de lo que este mundo tiene que ofrecer.

Cuando usted conecta el porqué espiritual con el qué, de repente todas las excusas que solían mantenerle lejos comienzan a desvanecerse. Se encuentra motivado por Aquel que le pidió que lo hiciera y por su gloria. Cuando sabe lo que Dios quiere para usted, cuando está de acuerdo y acepta lo que Él le llama a seguir, entonces no hay ninguna excusa en la tierra que pueda evitar que suceda.

¿Me está hablando a mí?

Considere una historia del Antiguo Testamento, un gran ejemplo de nuestras excusas humanas y de la respuesta de Dios a ellas. Dios llamó a Moisés a ayudar a liberar a los israelitas de la atadura de la esclavitud a los egipcios. El pueblo había estado clamando por liberación, de modo que Dios escogió a un hombre para liderar la tarea. Y Moisés inmediatamente estuvo fuera de su zona de comodidad. Mi experiencia confirma lo que vemos aquí: cuando Dios nos pide que hagamos algo, normalmente no es algo que podamos lograr fácilmente; de hecho, puede que nos parezca imposible, porque si pudiéramos lograrlo fácilmente, entonces no necesitaríamos a Dios.

Por tanto, básicamente Dios dijo: «Moisés, tú eres mi hombre». Moisés dijo: «Ah, lo siento, Dios. Yo no soy tu hombre». Antes de que alguien pudiera tostar un merengue en una zarza ardiente, Moisés inmediatamente comenzó con las excusas. «Señor, yo nunca me he distinguido por mi facilidad de palabra —objetó Moisés—. Y esto no es algo que haya comenzado ayer ni anteayer, ni hoy que te diriges a este servidor tuyo. Francamente, me cuesta mucho trabajo hablar» (Éxodo 4.10). Básicamente, dijo: «Gracias, pero no, gracias, Dios. Muy amable por tu parte preguntarlo, pero tengo este problema con hablar en público. Yo no soy bastante bueno para hablar sobre cuidar ovejas en Toastmasters, y menos aun para hacer el discurso de mi vida delante del Faraón».

Moisés inmediatamente se enfocó en sus incapacidades en lugar de en las capacidades ilimitadas de Dios. Miró su poder limitado en lugar del poder ilimitado de Dios. Podría usted ser tentado a hacer lo mismo. Cuando Dios le muestre algo que quiere que usted cambie, podría dudar y pensar: «No puedo hacer eso». Pero Dios hará lo mismo por usted que hizo con Moisés: ponerle en su lugar. «¿Y quién le puso la boca al hombre? —le respondió el Señor—. ¿Acaso no soy yo, el Señor, quien lo hace sordo o mudo, quien le da la vista o se la quita?» (Éxodo 4.11). En otras palabras: «¿No soy yo quien te creó, Moisés? ¿Podría ser que yo sé de lo que eres capaz mejor que tú mismo? Si voy a pedirte que hagas algo, ¿no crees que como estoy de tu parte voy a ayudarte a hacerlo?».

Cuando Dios le muestre lo que quiere que usted cambie, ¿no cree que Él va a ayudarle a hacerlo? ¿No cree que Él puso este libro en sus manos en este momento en particular de su vida con un motivo?

Regresando a nuestro amigo Moisés, vemos que Dios compartió amor duro. Básicamente, le dijo a Moisés que dejara de quejarse y comenzara a confiar: «Anda, ponte en marcha, que yo te

ayudaré a hablar y te diré lo que debas decir» (Éxodo 4.12). Dios
le estaba diciendo a Moisés: «Vamos, solo haz lo que tú puedes
hacer, lo siguiente. Te he dicho qué hacer, así que deja de pensar
en ello y de poner excusas, y ¡tan solo hazlo!».

El momento correcto

Si está leyendo esto y sabe lo que Dios quiere que usted haga,
¡entonces deje a un lado este libro y hágalo! En serio. Alguien dijo:
«La obediencia retrasada es desobediencia». ¡No se atreva a retra-
sarse! Si Dios le ha mostrado cómo quiere Él que viva de modo
diferente, si le ha revelado aquello que necesita dejar o lo que
necesita aceptar, entonces no le desobedezca retrasando las cosas
y esperando hasta que «llegue el momento correcto». El momento
es correcto ahora. ¡El momento es ahora mismo!

A menos que Dios le dé un calendario, entonces Él está
hablando de *ahora mismo*. Es como cuando Amy o yo pedi-
mos a uno de nuestros hijos que haga algo por nosotros en otra
habitación. «Lo haré después, papá», dice. «Espera a que termine este nivel de Angry Birds y entonces lo haré». Y yo pienso:
«¿Qué te parece si jugamos un poco a Angry Parents? Digo en
este momento, ¡no dentro de un minuto o dos cuando no tengas
nada mejor que hacer!».

Si Dios quiere que deje de fumar y usted está esperando a que
Él le quite el deseo, pero sigue encendiendo un cigarrillo tras
otro, entonces lo diré: ¡está usted loco! No por fumar, pues todos
tenemos nuestros vicios, sino por no hacer su parte. Tire los cigarrillos. Hable con su médico, obtenga ayuda, únase a un grupo,
líbrese de los humos. ¡Ahora! Si sabe que necesita dejar una relación tóxica en el trabajo pero está esperando a que Dios traspase a
esa persona a otro departamento para que usted no corra el riesgo

de herir sus sentimientos, entonces también está usted loco. Tiene que hacer lo que usted puede hacer, ya sea mantener una difícil conversación y confrontar a esa persona o ser claro y pedir usted mismo ser trasladado.

Si cree que Dios quiere darle relaciones saludables para sustituir a las tóxicas, actúe según lo que Él le muestre. Si siente que Él quiere que sea amigo de una persona en su grupo de lectura, entonces agarre el teléfono y llame. No espere a que se queden atascados juntos en un elevador; tome la iniciativa y haga lo siguiente. Si Dios quiere que algo sea diferente en su vida, entonces usted debe hacer lo que sabe hacer, ¡y hacerlo ahora!

Dios concluyó su mensaje a Moisés diciendo: «Ve, y cuando vayas, yo te ayudaré y te enseñaré». Dio a entender que Moisés debía hacer su parte y confiar en que Dios hiciera el resto. Dios inicia y nosotros respondemos.

Piense en lo que podría ser diferente en su vida y en las vidas de quienes le rodean si usted dejara de poner excusas, si viviera con las intenciones de Dios y soltara sus propios planes. Si verdaderamente quiere vivir una vida más limpia, más pura, más centrada en Cristo y más llena del Espíritu, entonces es momento de dar los siguientes pasos que usted sabe dar. Haga lo que puede hacer y confíe en que Dios hará lo que usted no puede hacer.

Mi oración es que en este momento Dios esté hablando a su corazón y haga que su mensaje sea alto y claro.

¿Puede usted escucharle?

Ahora, vaya, en la fuerza y el poder de Él, ¡tan solo hágalo!

¡A la velocidad de Dios!

Reconocimientos

Gracias a todos mis amigos que ofrecieron apoyo, aliento y ayuda con este libro. Estoy especialmente agradecido por:

Dudley Delffs. Tú haces con las palabras lo que LeBron James hace con un balón de baloncesto. Soy tu fan número uno (de manera no acosadora).

Tom Dean, Cindy Lambert y Brian Phipps, y todo el equipo en Zondervan. Me encanta su compromiso a la excelencia y a la publicación centrada en Cristo.

Tom Winters. Gracias por tu sabiduría sobre proyectos de libros y muchas otras cosas. Eres más que un agente. Eres también un amigo de confianza.

Brannon Golden. Gracias por tu trabajo al principio del proyecto. Tu familia es una inmensa bendición para nuestra iglesia y para mí.

Ali Burleson. Eres la editora maestra final. Además, eres una muchacha agradable.

Lori Tapp. Gracias por mantenerme cuerdo en la oficina. Eres un regalo.

Catie, Mandy, Anna, Sam, Stephen y Joy. Su amor por nuestro Salvador me bendice más de lo que nunca sabrán. Estoy muy orgulloso de ustedes.

Amy. Tú eres mi «belleza cristiana». Alabo a Dios por habernos unido.